Anonymous

Neapel und Sizilien ein Auszug aus dem groben und kostbaren Werte

Voyage pittoresque de Naples et Sicilie de mr. de Non. Theil 7.

Anonymous

Neapel und Sizilien ein Auszug aus dem groben und kostbaren Werte
Voyage pittoresque de Naples et Sicilie de mr. de Non. Theil 7.

ISBN/EAN: 9783337413439

Printed in Europe, USA, Canada, Australia, Japan

Cover: Foto ©Andreas Hilbeck / pixelio.de

More available books at **www.hansebooks.com**

Neapel und Sizilien.

Ein Auszug

aus dem großen und kostbaren Werke:

Voyage pittoresque de Naples et Sicile
de Mr. de Non.

Mit 6 Kupfern.

Siebenter Theil.

Gotha,
bey Carl Wilhelm Ettinger.
1796.

Einleitung
zur
malerischen Reise durch Sizilien.

Ueber Lage, Umfang und Fruchtbarkeit Siziliens.

Die Ueberlieferungen aus dem entferntesten Alterthum, und die glaubwürdigsten Geschichtschreiber der Vorzeit, lassen uns keinen Zweifel übrig, daß Sizilien einst durch ein Erdbeben oder durch irgend eine andere Erschütterung von Italien abgerissen worden sey. So sagt z. B. Plin. „Sizilien war ehemals mit dem Lande der Bruttier verbunden „und machte einen Theil davon aus, allein das Meer öffnete „sich plötzlich einen Weg zwischen diesem Erdtheil und schied „es für immer von dem übrigen Italien.„ *) Dies war auch die allgemeine Meinung der Alten; die meisten ihrer Dichter erzählen uns diesen Vorgang in ihren Werken, und schildern uns ihn mit den malerischsten Farben; allein sie sprechen davon immer, als von einer blos auf Traditionen beruhenden

---
*) Sicilia quondam Brutio agro cohaerens, interfuso Mari, avulsa. Plinii L. III. c. VIII.

henden Begebenheit, deren eigentlichen Zeitpunkt man nicht anzugeben wisse. *) Strabo und Diodorus versichern uns, daß schon zu ihrer Zeit, nämlich vor mehr als zweytausend Jahren, die ältesten Geschichtschreiber sogar dieses Ereigniß als eine in dem entferntesten Alterthum geschehene Naturbegebenheit anzeigten. **)

Es ist also kein Zweifel, daß die fürchterliche Umwälzung, welche die Trennung Siziliens von Italien verursachte, — vorausgesezt, daß sie würklich Statt fand — eine der ältesten gewesen seyn müßte, die sich auf unsrer Erde ereigneten. Herr von Buffon sezt sie sogar in denjenigen Zeitraum

*) Haec Loca vi quondam, et vastâ convulsa ruinâ
(Tantum aevi longinqua valet mutare vetustas,)
Dissiluisse ferunt, quam protinus utraque tellus
Una foret. Venit medio vi pontus, et undis
Hesperium siculo latus abscidit, arvaque urbes
Littore diductas angusto interluit aestu.
       Virg. Aeneid. L. III.

Ausoniae pars magna jacet trinacria tellus,
Ut semel expugnante noto er vastantibus undis
Accepit freta caeruleo propulsa tridente:
Namque per ocultum caeca vi turbinis olim
Impactum pelagus lacerata viscera terrae
Discidit et medio prorumpens arva profundo
Cum populis pariter convulsas transtulit urbes.
       Sil. Ital. L. XIV.

**) Tradunt prisci rerum scriptores siciliam fuisse olim Italiae conjunctam, sed postea Insulam evasisse. Diod. L. V.

Aristoteles erwähnt auch eines merkwürdigen Auswurfs des Aetna, wovon man noch zu seiner Zeit sprach, und der nicht allein ganz Sizilien, sondern auch viele Städte des vesten Landes mit seiner Asche bedeckte.

raum zurück, in welchem sich das mittelländische Meer selbst bildete, oder vielmehr durch die Eröffnung des Bosphorus und die daraus entstandene Vereinigung des schwarzen Meers mit dem Archipelagus erweiterte. Dieser nämliche Autor äußert auch in seinem wichtigen Werke des Epoques de la Nature, es müsse eine noch fürchterlichere und größere Ueberschwemmung damals vorgegangen seyn, als sich die Fluten des Ozeans durch die Meerenge von Gibraltar hindurchdrängten. „Vielleicht, sagt Herr von Buffon, hat sich erst „in dieser zwoten Epoche der adriatische Golf, so wie die In„sel Sizilien und die andern Inseln gebildet. Wie dem aber „auch seyn mag; so konnte doch zuverlässig erst nach diesen „zwo großen Naturbegebenheiten das Gleichgewicht dieser bei„den innern Meere entstanden seyn; und sie konnten erst „nachher ohngefähr denjenigen Umfang erhalten, den sie ge„genwärtig haben. Ohne allen Zweifel sind diese beiden „schrecklichen Umwälzungen weit älter, als alle diejenigen, „deren die Tradition und die Geschichte erwähnt; älter, kann „man sogar annehmen, als jene berüchtigten Ueberschwem„mungen des Deucalion und Ogyges, von denen „uns die Fabel allein das Andenken und den Zeitraum, „worinn sie sich ereigneten, erhalten hat." *)

Wir wollen die Muthmaßungen dieses Naturkundigen nicht weiter verfolgen, so schön und tiefdurchdacht sie auch sind, und ohne diese Revolutionen, zehen Jahrhunderte vor der Sündfluth zu setzen, beschäftigen wir uns blos, das heutige Sizilien zu beschreiben. **)

A 2

---

*) Epoques de la Nature T. IX. p. 290 &c. Edit. in 12.
**) „Ungefähr zehentausend Jahre zurück, von jetzt an gerechnet, würde

Sizilien, diese so berühmte Insel, die wichtigste im mittelländischen Meer, liegt im 36sten und 38sten Grad 25 Minuten der Breite an der mittäglichen Spitze Italiens, von welchem sie nur durch einen kleinen 12 Meilen oder ungefähr 4 Lieues breiten Seearm getrennt ist. *)

Siziliens Gestalt ist dreyeckicht, und dies mag den Alten zur Benennung Trinacria Anlaß gegeben haben. Sein Umfang beträgt 624 italiänische Meilen, seine Länge von Osten nach Westen, nämlich vom Kap Peloro bis zum Kap Boeo, dem alten *Lilybäum* (auch Capo Coco) beträgt 180 Meilen, seine Breite von Mittag gegen Mitternacht, da wo es am breitesten ist, vom Capo Passaro, dem alten Pachynus, bis zum Capo Peloro, oder Capo del Faro, 130 Meilen. Es ist sehr wahrscheinlich,

daß

würde ich die Trennung Europens von Amerika setzen, und wohl beynahe eben um diese Zeit mag sich Engelland von Frankreich, Irrland von Engelland, Sizilien von Italien, Sardinien von Corsika, und diese beide von dem festen Land getrennt haben. Vielleicht rissen zu eben dieser Zeit die Antillen, St. Domingo und Cuba von dem festen Land Amerika's los, denn alle diese Trennungen sind gleichzeitig, wenigstens nicht in sehr langen Zeiträumen auf einander gefolgt, ja die meisten von ihnen scheinen sogar nothwendige Folgen von der Trennung der zween grossen Erdtheile gewesen zu seyn, welche, da sie dem Ocean eine große Bahn öffnete, ihm gestattete, alle niedere Theile der Erde zu überschwemmen, die minder festen Stücke mit sich hinwegzureissen, nach und nach abzuschwemmen und endlich so vom festen Lande abzuschneiden.„

Epoqu. de la Nature
Tom. IX. Edit. in 12. p. 296.

*) Diese Breite hat er selbst nur da, wo er am breitesten ist; an minder breiten Stellen beträgt er kaum 6 Meilen, oder ungefähr 2 Lieues.

daß es eben diese drey Vorgebürge waren, was die Alten auf einer Menge von Sizilianischen Münzen durch die Figur von drey Menschenfüßen, die einen Kopf gleich Strahlen umgeben, und zwischen denen Kornähren hervorragen, vorstellen wollten. Das leztere ist das Emblem der Fruchtbarkeit des Landes. *)

Sizilien ist in drey große Provinzen getheilt, die den Namen Val führen, nämlich Val di Demoni, Val di Noto, Val di Mazzara. **)

---

*) Dieses sonderbare Gepräge findet man vorzüglich auf mehreren Münzen von Palermo; auch, jedoch etwas seltener, auf Syrakusanischem Gelde, so wie auf einigen Münzen von Agrigent und einer Sizilianischen Stadt, die sich Vetum nannte. Aber das, was hauptsächlich beweist, daß die Alten diese Insel durch ein Emblem vorzustellen suchten, welches auf jene drey Vorgebürge Beziehung hat, sind einige andere Medaillen, die zu verschiedenen Zeiten geschlagen wurden, als zum Beyspiel nach der Eroberung von Syrakus durch den Marcellus. Man kennt eine davon, auf deren Rückseite sich ein Jupiter und der Name Lentulus Marcellus am Rande befindet. Eine andere, die jedoch sehr selten ist, mit dem griechischen Namen Cäsar, scheint auf die Siege des Pompeius in Sizilien Bezug zu haben, und endlich eine, welche deutlicher, als alle andere, darauf anspielt, ist diejenige, die der Propätor Clodius Macer von Afrika, schlagen ließ, der bekanntlich dieses Reich unter der Regierung des Nero an sich zu reissen trachtete. Dieser Clodius Macer, welcher ohne Zweifel diejenigen römischen Provinzen kenntlich machen wollte, die sich für ihn erklärt hatten, ließ eine Medaille prägen, auf welcher das beschriebene Emblem und der Name Sicilia stand.

**) Das Wort Val hat hier mit der Bedeutung unserer Thäler nichts gemein und ist ein arabisches Wort, welches so viel heißt, als Gegend, Landschaft. Man wird finden, daß mehrere

Die erste von diesen Abtheilungen Siziliens, il Val de Demoni, enthält verschiedene beträchtliche Städte und ist derjenige Theil der Insel, worinn sich der Berg Aetna befindet. **Messina, Taormina, Catanea, Melazzo** und **Cefalu** liegen in diesem Canton; im Val de Noto findet man Castro Giovani, das Enna der Alten, im Mittelpunkt der Insel, **San Philippo d'Argiro, Piazza, Noto, Lentini** und **Syrakus**, und im Val di Mazzara, **Termini, Palermo,** die Hauptstadt Siziliens, **Alcamo, Trapani, Marsala,** das alte **Lilybäum, Mazzara, Girgenti** und **Alicata.**

Die kleine Stadt **Noto,** nahe bey **Syrakus,** und **Mazzara** am äußersten Ende der Insel, nahe bey dem Cap **Boeo** haben, ohne daß man die Ursache anzugeben weiß, zween Haupttheilen der Insel den Namen gegeben, und das Val Demona, oder Demoni soll seine Benennung von den Schrecknissen des Aetna erhalten haben. Die Völker, welche furchtlos gleichsam im Angesicht der Hölle zu wohnen wagen, mögen wahrscheinlich diese Gegend das Land der Teufel genannt haben. Dies ist die gemeine Volksmeinung, allein sie scheint ungegründet, und es ist vielmehr dieser Name der Benennung *Campi nemorosi,* welche dieser Theil Siziliens im vierzehenten und funfzehenten Jahrhundert wegen der vielen um den Aetna herumliegenden Wälder

Städte im Innern dieser Insel ähnliche Benennungen aus dem Arabischen beybehalten haben, als z. B. der Name *Calata,* welches einen Berg, eine Erhöhung bedeutet, Calata-Vuturo, Calata-Girone, Calata-Scibetta u. dgl. welches kleine Bergstädtchen sind.

der trug, eher als irgend etwas anderem zuzuschreiben. Das Wort *nemorosi* konnte ja wohl leicht durch Demoni verfälscht werden; zumal da dieser Theil der Insel fast allein Wälder besitzt, und der Aberglaube die Idee von Teufeln an solchen dunkeln Orten begünstigt.

Wenige Länder sind so gebürgicht, als dieses, denn ausser dem Aetna, bekanntlich einem der grösesten Berge des Erdballs, und zugleich einem der fürchterlichsten Vulkane, hat Sizilien noch eine große Menge beträchtlicher Gebürge, als z. B. das Gebürg Pelorus, dem Aetna gegen Norden gelegen, von dem der Scuderi einen Theil ausmacht, das Gebürg Gemelli gegen den Mittelpunkt der Insel, die Nebrotischen oder Herculischen Gebürge gegen die Abendseite, unterhalb Termini, unter denen vorzüglich diejenigen, welche Di Madonia genannt werden, wegen ihrer Höhe und Steile merkwürdig sind; kurz ohne die Hauptgebürge zu rechnen, ist fast ganz Sizilien mit einzelnen hin und her zerstreuten Bergen von allen Seiten bedeckt, von welchen wir hier nur noch den ehedem so berüchtigten Berg Eryx am äußersten Ende der Insel auf der Seite von Trapani nennen wollen, worauf einer der vorzüglichsten Venustempel stand.

Ohngeachtet der Verheerungen und Schrecknisse, die der Aetna sehr oft über Sizilien brachte, ist es doch unläugbar, daß dieser Vulkan vorzüglich die bewundernswürdige Fruchtbarkeit eines großen Theils jenes Landes bewirkt; und es ist auch eben so gewiß, daß unter der Menge von Bergen, wovon wir so eben gesprochen haben, und hauptsächlich im Val di Noto ehedin mehrere feuerspeyende Berge sich befunden hatten, welche seit vielen Jahrhunderten verlöscht

löscht sind, und daß eben die Asche dieser Vulkane für immer den Keim einer unerschöpflichen Fruchtbarkeit um sie herum ausgestreut habe. Die warmen Wasser, die Schwefelbäder, die man noch in jenen Gegenden antrifft, zeugen genugsam von einer noch immer fortdaurenden unterirdischen Gährung, welche nothwendig außerordentlich viel zur Fruchtbarkeit des größten Theils der Insel beytragen mußte.

Sizilien galt zu allen Zeiten für das fruchtbarste Land; die Römer selbst hielten es für ihre Ernährerin, und Cicero nennt es den Kornboden, das Getraidemagazin Roms.*) Auch sieht man aus dem Diodorus, daß der ager Leontinus von sich selbst Getraide hervorbrachte, ohne daß er einer Bebauung bedurft hätte, und noch in unsern Tagen, so gewiß es auch ist, daß jenes Land bey weitem nicht mehr so fleisig, wie ehmals gebaut wird, gleicht kein Land Europens der Insel Sizilien an Fruchtbarkeit, hat keines das vortreffliche Klima, den herrlichen Boden, wie sie. Tomazo Fazelli, einer der neuern Geschichtschreiber Siziliens, welcher sehr bekannt ist, und dessen Werke oft angeführt werden,**) versichert uns, daß mehrere Gegenden der Insel, nicht allein die Leontinischen Gefilde, sondern auch die Gegenden um Enna, im Mittelpunkte Siziliens, wie

er

---

*) Ille itaque M. Cato sapiens, cellam panariam reipublicae nostrae, nutricem plebis romanae siciliam appellavit. Nos vero experti sumus, italico maximo difficillimoque bello, siciliam nobis non pro panaria cella, sed pro aerario illo majorum vetere, ac referto fuisse; nam sine ullo sumptu nostro, coriis, tunicis, frumentoque suppeditio, maximos excercitus nostros vestuit, aluit, armavit. Cic. in Verrem. L. II.

**) Er schrieb im Anfang des 16ten Jahrhunderts.

er selbst gesehen habe, ohne alle Bebauung und Ansäung Getreide getragen, und zur Reife gebracht hätten. *)

Diese erstaunenswürdige Fruchtbarkeit verbreitet sich über alle Arten von Erzeugnissen; die ausgesuchtesten Früchte wachsen daselbst im Ueberfluß. Man weiß, wie viel Rühmens die Alten von dem Honig zu machen pflegten, der auf dem Berge Hypla gefunden wurde; und was den Weinbau anlangt, so waren ja bekanntlich Syrakus und Messina in dieser Rücksicht von jeher sehr berühmt.

Man liest hierüber in dem nämlichen Geschichtschreiber, daß die römischen Kaiser, die Herren des Weltalls, gewohnt waren, bey ihren Festen, oder wenn Triumphe gefeyert wurden, über der Tafel vier Sorten von Wein darbieten zu lassen, die sie für die besten hielten, nämlich Salernerwein, welcher in der Gegend von Neapel wuchs, die griechischen Weine von Chio und Lesbos, und *Vinum mamertinum* aus der Gegend von Messina. Außer dem Honig, dem Oehl, und den verschiedenen Gattungen Salz, die man daselbst findet, **) wächst der Zucker; ein Erzeugniß, von dem man glauben sollte, es sey den Amerikanischen Inseln allein eigen; auch auf der Insel Sizilien.

*) Enim vero frumentum agreste in agro Leontino suâ sponte natum, non solum Diodorus refert, sed aetate etiam meâ, tum in eodem, tum in pluribus siciliae agris nullâ mortalium cura excultis, neque terrae commendatum, neque aratri, rastrorumve exercitio provocatum, sed soli mira ac naturali liberalitate provenisse, atque in aristas foelicissime excrevisse ipsi vidimus. Faselli, de rebus siculis cap. IV.

**) Sowohl Steinsalz, als Seesalz, welches letztere an den Küsten, bey Trapani gefunden wird.

Man erhält ihn aus einer Art Rohr, *Canna Mele* genannt, und er wird, nachdem er drey bis viermal gekocht worden ist, eben so gut als der, den die Antillen hervorbringen.

Nicht sehr entfernt vom Cap Peloro, und ungefähr 20 Meilen von der Abendküste Siziliens liegen mehrere kleine Inseln, die theils eben so viele Vulkane waren, theils noch sind. Man nennt sie die Liparischen, oder die Inseln Lipari, von dem Namen, den die größeste derselben führt. Die Alten nannten sie die Vulkans=Inseln, oder die Aeoliden; und es ist sehr zu vermuthen, daß diese Vulkane Arme, oder Ausflüsse des Aetna sind, ob man schon nicht zu bestimmen vermag, in welcher Verbindung sie mit dieser unermeßlichen Feueresse stehen, und ob diese etwa unter dem Meere durchlaufe. Sie haben wohl ehedem eben so viele Auswürfe nach und nach hervorgestoßen, als bekanntlich beynah zu unseren Zeiten der Monte nuovo bey Puzzuoli, die Insel Santorino im Archipelagus und mehrere andere; dies läßt sich schon aus dem Grunde vermuthen, weil, wie wir wissen, die Alten nur 7 Aeoliden zählten, da deren gegenwärtig 11 vorhanden sind, welche folglich durch irgend eine solche Eruption entstanden seyn müssen. Die heftigsten von diesen Vulkanen sind *il Vulcano* und *il Stromboli*, wovon der leztere sogar den Vesuv und Aetna an Heftigkeit übertrifft, weil diese beide oft Jahrelang kein Feuer auswerfen, der Stromboli aber beständig brennt, Flammen und brennende Steine ohne Unterlaß von sich wirft. Er thürmt sich mitten aus der See auf, und bildet einen jähen, fast in gerader Linie emporragenden Fels, sein Umfang mag gegen 10 Meilen betragen, seine Höhe ist ansehnlich, und seine Flammen dienen den Seefahrern auf viele Meilen weit des Nachts

zum

zum Wegweiser. Auf den übrigen Inseln scheinen die brennbaren Materien meist erloschen zu seyn. Lipari ist, wie bereits bemerkt wurde, die größte unter ihnen. Sie ist ungefähr 6 Lieues lang; sehr fruchtbar, und trägt noch sichtbare Spuren erloschener Vulkane. Herrliche Früchte und besonders die sogenannten *Passoli*, eine Gattung vortrefflicher Trauben und sehr guter Wein *Malvaggia di Lipari* genannt, sind hier zu finden.

Wenige Orte in der Welt haben den Dichtern so reichen Stoff für ihre Einbildungskraft gegeben, als Sizilien, die Wiege aller Fabeln. Außer der außerordentlichen Fruchtbarkeit des Landes, mögen wohl auch die verschiedenen Ereignisse desselben viel hiezu beygetragen haben, die man zu jenen Zeiten, als Physik und Naturgeschichte noch in ihrer Kindheit waren, für eben so viele Wunder hielt, die sich der Geist des Menschen nicht zu erklären wußte. Daher alle jene fabelhaften Erzählungen, womit Geschichtschreiber und Dichter ihre Werke schmückten. Für solche vulkanische, von unterirdischem Feuer erzeugte, mit tiefen Hölen und Schlüften bedeckte Inseln, wo man von ferne das Brausen der Wogen hörte, brauchte es wohl keiner mehreren Attribute, um sie zum Wohnort des Aeolus zu heiligen, und ein Homer erhöhte noch diesen allgemeinen Volksglauben durch seine schönen Gedichte.

Wer kennt nicht die vortreffliche Schilderung, die uns Virgil von den Aeoliden hinterließ? Hier hatte Vulkan seine Werkstätte aufgeschlagen, hier schmiedete er auf Verlangen der Venus jene himmlischen Waffen für den Aeneas.

Insula

Insula Sicanium juxta latus aeoliamque
Erigitur, Liparen, fumantibus ardua saxis,
Quam subter specus et cyclopum exesa caminis
Antra aetnea tonant, validique incudibus ictus
Auditi referunt gemitum striduntque cavernis
Strictura chalybum, et fornacibus ignis anhelat
Vulcani domus et Vulcania nomine tellus.

Virg. Aeneid. L. VIII. v. 416.

Die berühmten Klippen, welche Sizilien von Italien trennen, jene Schlünde der Charybdis und jene Felsen der Scylla, von den Schiffern so sehr gefürchtet, vollendeten das Grauenvolle in den Gemälden der Dichter und Geschichtschreiber jener grauen Zeiten, wo Schiffbaukunst und Seewissenschaft noch so geringe Fortschritte gemacht hatten. *)

Inzwi-

---

*) Ast ubi digressum siculae te admoverit orae
Ventus, et angusti rarescent claustra pelori;
Laeva tibi tellus et longo laeva petantur
Aequora circuitu: dextrum fuge Littus et undas.
Dextrum scylla latus, laevum implacata Charybdis
Obsidet; atque imo barathri ter gurgite vastos
Sorbet in abruptum fluctus, rursusque sub auras
Erigit alternos, et sidera verberat unda.
At scyllam caecis cohibet spelunca latebris,
Ora exsertantem, et naves in saxa trahentem.
Prima hominis facies, et pulchro pectore virgo
Pube tenus: postrema immani corpore piscis,
Delphinum caudas utero commissa luporum.
Praestat Trinacrii metus lustrare pachini
Cessantem, longos et circumflectere cursus,
Quam semel informem vasto vidisse sub antro
Scyllam, et caeruleis canibus resonantia saxa.

Virg. Aeneid. L. III, v. 410 &c.

Inzwischen bleibt es, ohne auf die fabelhaften Erzählungen Virgils Rücksicht zu nehmen, nur allzugewiß, daß jene Meerenge gar nicht leicht zu durchschiffen ist. Zumal zur schlimmen Jahrszeit, wo die Winde die Ströme durch ihre Gewalt noch reissender und gefährlicher machen, und zur Zeit einer gänzlichen Windstille, wo sich größere Schiffe gleichsam daselbst eingeschlossen befinden und auf beyden Seiten an die Felsen geworfen zu werden befürchten müssen.

Von den ersten Einwohnern der Insel Sizilien, von ihren ältesten Städten und den berühmtesten Personen, deren Vaterland sie war.

Der Ursprung der ersten Völker, welche Sizilien bewohnten, verliert sich in der Nacht der Vorzeiten; alle alte Schriftsteller sind über diesen Gegenstand verschiedener Meinung; einige lassen sie aus Spanien, andere aus Italien herkommen. Die Dichter vorzüglich, für die das wunderbare stets den meisten Reiz hatte, leiten sie von einem Riesenvolk her, von den Lästrygoniern und Cyklopen, und **Polyphem** war, wie man weiß, keiner der unter diesen die niedrigste Rolle spielte.

Es ist übrigens überhaupt von weniger Wichtigkeit, zu untersuchen, welchen Namen die ältesten Einwohner dieser Insel geführt haben, ob es die Sicaner, eine spanische Nation, oder die Ligurier aus Italien waren, an deren Spitze Siculus, ein Sohn Neptuns sich befand; viel wichtiger wäre es zu wissen, woher alle diese Fabeln, diese Erzählungen

gen von Riesen entstanden seyen; ob sie sich auf Thatsachen gründen, die nicht von aller Wahrscheinlichkeit entblößt sind.

Ohne demjenigen Glauben beyzumessen, was uns die alten Geschichtschreiber von den Entdeckungen erzählen, die von Zeit zu Zeit in verschiedenen Gegenden Sizilien's gemacht worden sind, z. B. von jenen Gräbern, die zwanzig bis dreyßig Ellenlange Menschengerippe, enthielten; *) können wir doch nicht zweifeln, und Herr von Buffon selbst ist der Meinung, daß im ersten Weltalter, in den ersten Zeiten der Natur, sowohl unter den Menschen, als unter den Thieren, ganze Gattungen und einzelne Individuen, unendlich stärker, größer und höher gewesen seyen, als zu unseren Zeiten, und lange vor uns. **)

Was

---

*) Fazelli führt verschiedene Entdeckungen dieser Art an, welche im Jahr 1516 gemacht wurden, als man an dem Berg Eryx bey Majara nachgrub, imgleichen 1548 und 1550 nahe bey Syrakus.   Fazelli de rebus siculis Lib. I. pag. 50.

**) „Nach allen den Sätzen, die ich so eben vorgetragen, und nach denen, die ich lange zuvor schon behauptet habe, muß ich meine Leser, in Rücksicht auf die Patagonen in der nämlichen Verlegenheit lassen, worinn ich mich selbst mit dem Ausspruch für das ehmalige Daseyn jener Riesen von 24 Fuß befinde. Ich kann mich nie überreden, daß zu irgend einer Zeit, durch irgend eine Ursache, und unter welcherley Umständen es sey, der menschliche Leib sich bis zu so unglaublicher Höhe ausgedehnt haben sollte. Aber eben so gewiß glaube ich, daß das Daseyn von Riesen, die eine Höhe von 10, 12 und 15 Fuß erreichten, nicht geläugnet werden könne. Es ist vielmehr ganz zuverlässig, daß in den ersten Zeiten der Erde, nicht nur riesenförmige Personen in Menge da waren, sondern daß sich auch ganze Geschlechter davon fortpflanzten, wovon aber die Patagonier noch allein übrig sind.

Buffon Epoques de la Nature. Vol. X. pag. 315.

Was den Zeitpunkt der erſten Bevölkerung Siziliens anbelangt; ſo werden wir wohl am ſicherſten die Nachforſchungen des gelehrten Freret und die von ihm in den Werken der Akademie der ſchönen Wiſſenſchaften hierüber gegebene Bemerkungen über dieſen Gegenſtand zu Rathe ziehen können; ſie zeigen uns die Epoche des Uebergangs der Siculer auf dieſe nach ihnen benannte Inſel an. Dieſer Schriftſteller, der ſich bemühte, den Urſprung der Völker aufzuklären, und die Wahrheit ſo viel möglich von der Fabel zu unterſcheiden, ſuchte aus den alten Geſchichtſchreibern diejenigen Stellen auf, welche beſtimmte Aeußerungen darüber enthalten, und woraus man vernünftige Schlüſſe über die urſprüngliche Bevölkerung Italiens ziehen kann.

Wir haben bereits in den, vor dem 5ten Theil befindlichen Vorbemerkungen über die Beſchreibung Großgriechenlands, erwähnt, daß die Siculer, urſprüngliche Grenzvölker Dalmatiens, die erſten waren, die ſich in Italien anſäſſig machten, und ſich, als mächtigere Nazionen ſie von dortaus vertrieben, nach Sizilien begaben, welches von ihnen den Namen erhielt. Hellanicus von Lesbos, ein noch älterer Geſchichtſchreiber, als Thucydides, ja ſogar als Herodot, giebt das 26ſte Jahr des Prieſterthums Alcinoens, einer Prieſterin zu Argos, als den Zeitraum dieſer Völkerwanderung an, und ſo würde ſie, nach dem Sizilianiſchen Geſchichtſchreiber Philiſtes ungefähr 24 Jahre vor der Eroberung Troja's, nämlich im Jahr 1364 vor Chriſti Geburt, nach der Zeitrechnung des Thucydides ſich zugetragen haben. *)

*) Hiſt. de l'Acad. des belles Lettres Vol. IX. p. 125.

Von

Von dieser Zeit an landeten mehrere Völker in Sizilien. Die Phönizier, welche man für die ältesten Völker hält, die Handel trieben, und für die geschicktesten Seefahrer jener Zeiten, sollen, nach der gemeinsten Meinung, zuerst dahin gekommen seyn; allein sie blieben blos an der Küste. Nachher suchten die Trojer dort eine Zuflucht, und bauten verschiedene Städte, unter andern auch Eryx, woselbst Aeneas nach der Erzählung Virgils den berühmten Venustempel errichten ließ. Vorzüglich aber waren es die Griechen, welche, angelockt durch den herrlichen, fruchtbaren Boden, und durch die Lage der Insel, zu verschiedenen Zeiten dahin kamen, und Städte und Pflanzungen daselbst anlegten, wovon mehrere im Alterthum mächtig und berühmt wurden. Naxos war eine der ältesten, besonders aber Syrakus, welches nach dem Pausanias und Thucydides Archias von Korinth gegen das dritte Jahr der fünften Olympiade, 758 Jahr vor Christi Geburt gegründet haben soll.

In der Folge baueten neue griechische Pflanzungen, oder solche, die schon in Sizilien wohnten, andere Städte, als z. B. Selinus, Catana, Leontini. *) Einige Jahre, nach der Erbauung der Stadt Syrakus ließen sich auch die Rhodier und Creter bey dem Fluß Gela nieder, woselbst sie eine Stadt erbauten und ihr den Namen des Flusses beylegten. Die Einwohner von Gela aber bauten nachher Agrigentum bey dem Fluß Acragas.

Messina

---

*) Jetzt Lentini, ihre Felder waren ehmals so fruchtbar, daß sie Cic. frum. c. 18. Caput rei frumentariae nennt. Sie wurde wahrscheinlich mit Catana zugleich in der 13. Olymp. 1. gestiftet. Nitsch Wort. B. d. a. Geogr. S. 367.

Messina hieß anfangs *Zancle*, wegen der Gestalt seines Hafens und der Erdzunge, die sich in Form eines Halbzirkels ins Meer erstreckt und der Stadt die Bildung einer Sichel giebt. Man will behaupten, daß das Wort Zancle in der alten Ursprache der Siculer eine Sense oder Sichel bedeutet habe. Strabo und Thucydides versichern, diese Stadt, eine der ältesten Siziliens, sey ursprünglich von Seeräubern aus Cumä und Chalcda erbaut und bewohnt worden, in der Folge aber hätten Messenier, Völker aus Pelopones, sich mit diesen vereinigt und ihr statt dem Namen Zancle, die Benennung *Messana* gegeben. *)

Was die Stadt Palermo anlangt; so giebt es so verschiedene Meinungen von ihren ersten Erbauern, daß man ungewiß ist, welche die wahre sey; denn obschon mehrere Schriftsteller ihre Gründung den Phöniciern zuschreiben; so scheint doch ihr ältester Name Panormós, viel wahrschein-

---

*) Die Geschichtschreiber sind über den Zeitpunkt, wo diese Namensveränderung vorgieng, selbst uneinig; so wie auch über die Ursache derselben keine Gewißheit vorhanden ist. — Facelli erzählt zwar: gegen das Ende der 11ten Olympiade sey Anaxilas an der Spitze einer neuen Kolonie von Messeniern angekommen, habe die Einwohner der Stadt Zancle verjagt, ihre Stadt selbst zerstört, neu erbaut, und mit dem Namen Messana belegt; allein Starella in seinen Anmerkungen über den Facelli beweißt aus einer Stelle des Pausanias, daß diese Namensveränderung von den ersten Bewohnern in Verbindung mit den neuen Kolonisten freywillig beschlossen, und letztere von den erstern als Landsleute anerkannt worden seyen. Fide data et accepta, sagt Pausanias, una urbem incoluerunt, mutato vero nomine pro Zanclâ Messanam appellarunt.

scheinlicher einen griechischen Ursprung anzuzeigen; nämlich von παν und ὅρμος, *statio navium*; eine Benennung, die ihr wegen der Vortrefflichkeit ihrer Lage und der Sicherheit ihres Hafens sehr wohl zukam. *)

Die mannichfaltigen Pflanzungen, die sich nach und nach in Sizilien niederließen, theilten ihre Sitten, ihre Sprache und Gewohnheiten den ältern Völkern dieser Insel mit. Auch war sie, wie wir aus Strabo wissen, unter der Benennung Großgriechenlands mit begriffen; obschon die griechische Sprache die Aborigener nicht hinderte, ihre eigene Sprache beyzubehalten, und man daher, nach der Erzählung des **Apulejus** die Bewohner Siziliens, öfters Trilingues nannte, weil sie drey Sprachen, nämlich die Sizilianische, die Phönizische oder Karthagische, und die Griechische sprachen.

In

---

*) Man findet in dem berühmten Werk des Fürsten Torremuzza über die Alterthümer Siziliens eine Stelle aus dem Thucydides übersezt, woraus erhellt, daß Palermo schon weit eher erbaut und bewohnt gewesen seyn müsse, als die Karthager nach Sizilien kamen. — Palermo, sagt er, fondata da Carthaginesi non trovosi sicuramente in alcuno degli antichi Autori, anzi che sappiamo da Tucidide, nel Lib. VI., essere stata da Fenici abitata qualora discacciati dalle parti Méridionali della Sicilia, si stabilirono in Solantum, Mozia, ed in Palermo, città molto avanti popolate; cioche accade assai primo, che pensato avessero i Cartaginesi alla conquista di questa Isola. Ecco le parole tradotte di quel Autore. „Habitaverunt autem et phoenices circa omnem quidem Siciliam, promontoria ad mare occupantes, iteinque parvas insulas adjacentes negotiandi causa cum siculis. At ubi permulti graecorum eo per mare, adnavigaverunt relinquentes illa loca Moryam et Solentem, et Panormum prope Elymos frequentantes incoluerant, &c. Ant. Iscript. di pal. del pr. di Torremuzza, p. 133.

In jenen alten Zeiten waren wenige Länder so fruchtbar an berühmten Leuten, als Sizilien; und man ist ungewiß, ob es dieses Geschenke mehr der Niederlassung der Griechen, welche den Geschmack für Künste und Wissenschaften mit dahin brachten, oder dem vortrefflichen und sanften Klima, und der reinen Luft zu danken gehabt habe, welche, so wie in Griechenland selbst, großen Einfluß auf den Karakter und den Geist seiner Einwohner haben mußte; kurz die Geschichte giebt den Beweiß, daß Sizilien eine Menge berühmter Männer aller Art hervorbrachte. *)

Große Dichter, Redner, Philosophen, Geschichtschreiber und Aerzte hatte Sizilien zu gleicher Zeit aufzuweisen; und jede ihrer Städte scheint mit Griechenlands Städten selbst darin gewetteifert zu haben, daß sie wenigstens einen großen Geist hervorbrachte, der seine Werke der Nachwelt hinterließ. Die Dichtkunst besonders wurde mit so gutem Erfolg in Sizilien getrieben, daß Silius Italicus versichert, Siziliens Dichter seyen würdig dem Apoll und den Musen an die Seite gesezt zu werden.

Hic phoebo digna, et Mufis, venerabere Vatum
Ora excellentum, facras, qui carmine filvas
Quique fyracofia refonant helicona camoena.

B 2

---

*) Der berühmte Winkelmann behauptet in seinem vortrefflichen Werk über die Geschichte der Kunst bey den Alten, daß das Klima eben so sehr auf den moralischen Karakter als auf die physische Beschaffenheit der Völker Einfluß habe. Polybius sagt: „das Klima bildet die Sitten der Völker, ihre Gestalt und ihre Farbe; und Cicero glaubt, je reiner und feiner die Luft sey, je geistreicher seyen die Köpfe der Menschen.„

Aristoxenus und Stesichorus sind die beiden ältesten Dichter Siziliens, die wir kennen. Der erste war aus Selinus; allein man weiß wenig von seinen Lebensumständen; er soll nach Angabe der Geschichtschreiber in der 29. Olympiade, ungefähr 600 Jahr vor Christo, mithin nicht lange nach der Erbauung dieser Stadt, gelebt haben. Man behauptet, dieser Aristoxenus, sey der erste gewesen, der sich in seinen Gedichten des Anapests, oder desjenigen Fußes bedient habe, der aus zwo kurzen und einer langen Sylbe besteht.

Der zweyte von diesen Dichtern, Stesichorus ist etwas bekannter, und war von Himera gebürtig. Cicero erwähnt seiner in seiner Rede gegen den Verres, als eines der größten Geister Griechenlands, und nennt eine schöne Bildsäule mit einem Buch in der Hand, die ihm zur Ehre errichtet worden war. *)

Auch Horaz spricht von ihm mit Lobeserhebungen, wenn er sagt: *Stesicorique graves camoenae.* Nur wenige Verse sind uns inzwischen von diesem alten griechischen Dichter noch übrig, welchen Dionys von Halikarnaß dem Pindar und Simonides an die Seite sezt; doch wissen wir, daß ein Gedicht über die Zerstörung Trojas, nach Art der Iliade, sein vorzüglichstes Meisterstück war.

Sizilien ist das Vaterland des Hirtengedichts, und es ist wohl ganz natürlich, daß in einem Lande, dessen größter

---

*) Erat enim Stesicori poetae statua senilis, incurva, cum libro, summo, ut putant, artificio facta; sed est, et fuit tota graecia, summo propter ingenium honore et nomine.

Cic. in Ver. L. II.

ter Reichthum in Heerden und in Erderzeugnissen bestand, diejenige Gattung von Gedichten, welche die Vergnügungen und Beschäftigungen des Landlebens besang, mehr Glück, als irgend anderswo, machen mußte.

Theokrit und **Moschus**, zween Syrakuser, sind die beyden vorzüglichsten Idyllendichter. **Virgil** selbst nennt den ersten seinen Lehrmeister; gewiß die schönste Lobrede, die er ihm halten konnte! *)

Epicharmus war, nach der Angabe des Aristoteles, der älteste komische Dichter, und **Plautus**, der erste römische Dichter von dieser Art, soll sich ihn zum Muster gewählt

---

*) Man kennt Voltärs schöne Nachahmung Theocrits, die indeß doch nur für eine leichte und schwache Ausführung eines Theils von seiner zwoten Idylle Φαρμακευτρια, gelten kann. Dies ist eben die Idylle, welche Virgil in seiner achten Ecloge nachahmte:

    Reine des Nuits, dis, quel fut mon amour,
    Comme en mon sein les frisons et la flame
    Se succedoient, me perdoient tour-à tour:
    Quels doux transports égarèrent mon âme
    Comment mes yeux cherchoient envain le jour,
    Comme j'aimois, et sans songer à plaire,
    Je ne pouvois ni parler ni me taire.
    Reine des Nuits, dis quel fut mon amour.
    Mon Amant vint, oh momens delectables!
    Il prit mes mains, tu le sçais, tu le vis;
    Tu fus témoin de ses sermens coupables,
    De ses baisers, de ceux que je rendis,
    Des voluptés dont je fus enivrée.
    Moments charmans, passez-vous sans retour?
    Daphnis trahit la foi qu'il m'a jurée:
    Reine des Nuits, dis, quel fut mon amour!

gewählt haben. **Epicharmus** schrieb eine Menge Kommödien, deren Zahl man auf mehr als funfzig angiebt. Er lebte ungefähr 400 Jahr vor Christo und starb im 90. Jahr seines Alters. Gela und Agrigent besaßen auch mehrere tragische Dichter, zum Beyspiel einen **Empedokles**, der viele Trauerspiele verfertigt haben soll; und auch als **Philosoph** betrachtet, schon zu seinen Lebzeiten sehr berühmt war. Seine Werke, sagt **Lucrez**, wurden so sehr bewundert, daß man zweifeln wollte, ob ein Sterblicher sie verfaßt habe. *)

Auch **Empedokles** lebte 400 Jahre vor Christo, in einem Zeitalter, welches überhaupt das glänzendste für die Weltweisheit in Sizilien gewesen zu seyn scheint, so wie das einige Zeit vorher zu Lebzeiten des **Pythagoras** für Großgriechenland.

Außer diesen berühmten Männern scheint auch Sizilien damals der Lieblingsaufenthalt aller Gelehrten und grossen Weltweisen Griechenlands gewesen zu seyn. **Plato** selbst reiste öfters dahin; **Xenophanes** und **Zeno** beschlossen daselbst ihr Leben. **Simonides**, einer der vortrefflichsten Dichter des alten Griechenlands, ließ sich in seinem achtzigsten Jahre dort nieder, und ward König Hiero's II. von Syrakus, des besten Sizilianischen Fürsten, Freund und Liebling.

Man kann beym Studium der Geschichte dieses Landes die Bemerkung machen, daß schon vor der Regierung Hiero's

---

*) Carmina quin etiam divini pectoris ejus
    Vociferantur et exponunt praeclara reperta,
    Ut vix humana videatur stirpe creatus.

Hiero's II., und vorzüglich unter der Regierung der beyden **Dionyse**, Sizilien eine Menge Philosophen und Gelehrte besaß. Der erste von diesen beyden Tyrannen selbst begieng die Tollheit, für einen Dichter und schönen Geist anerkannt werden zu wollen. Geboren mit dem Herrschertalent, und mit einem unermeßlichen Ehrgeiz, wollte er auch um den Preiß der Dichtkunst bey den Olympischen Spielen wetteifern. Ohne Zweifel trugen die Schmeicheleyen der Gelehrten, die er häufig an seinen Hof gezogen hatte, nicht wenig dazu bey, ihn in dem Wahn zu bestärken, daß er der größte unter den Dichtern sey. Einer nur, nämlich **Philoxenus**, hatte die Dreistigkeit, dem Beyspiel der übrigen nicht zu folgen, und wagte es sogar, ihm mit einer Freymüthigkeit die Wahrheit zu sagen, die von traurigen Folgen für ihn hätte werden können. *)

---

*) Dieser **Philoxenus** war, nach dem Zeugniß des **Diodorus**, einer der vortrefflichsten Dichter seiner Zeit. **Dionys** hatte ihn zur Tafel geladen und fragte ihn über einige Verse, die er während der Tafel ablesen ließ, um seine Meinung. Der Dichter, welcher sie nicht nach seinem Geschmack finden mochte, tadelte sie ohne Schonung. Eine solche Freymüthigkeit war Dionys nicht gewohnt, er gerieth in Zorn und sandte den Kritiker nach dem Gefängniß. Einige Zeit hernach gelang es indeß den Freunden des **Polixen**, Gnade für ihn zu erhalten, und **Dionys**, welcher glaubte, dieser strenge Richter werde durch seine Behandlung milder, wenigstens höflicher geworden seyn, lud ihn abermals zur Tafel; allein, als man abermals Verse, die der Tyrann für sein Meisterstück hielt, ihm vorlas, sagte **Philoxenus** statt aller Lobeserhebung zu den Trabanten: „bringt mich in das Gefängniß zurück!„ — Diese Furchtlosigkeit schien dem Tyrannen selbst so kurzweilig, daß er zuerst ein Gelächter aufschlug, und ihm seine Unbescheidenheit vergab.

Ein Zeitgenoffe jener berüchtigten Tyrannen, deffen Name mit mehrerem Rechte der Nachwelt aufbehalten zu werden verdient, war der berühmte Dion, den die heidnische Vorwelt unter die Zahl ihrer Weifen fezte. Mit einer erhabenen Seele und hohen Fähigkeiten begabt, dankte er die kluge Anwendung, die er von diefen Naturgefchenken fein ganzes Leben hindurch machte, dem Glücke, ein Schüler des Plato gewefen zu feyn. Der Gefchmack für die Tugend, den ihm diefer große Weltweife früh eingeflößt hatte, gab ihm die Hoffnung, daß feine Lehren und Beyfpiele gleiche Würkungen in dem Herzen des Dionys hervorbringen würden, und er wendete daher fein ganzes Gewicht an, um den Plato zu bewegen, daß er den Hof des Tyrannen befuchen möchte; allein die ftrengen Grundfäße des Philofophen, waren nicht fähig, bey dem verdorbenen Gemüth des Regenten Eingang zu finden, und Dion, der bald felbft die Gefahr einfah, die jenem großen Manne bey einem fo übelden-kenden Fürften drohte, fuchte ihn durch Befchleunigung feiner Zurückkehr nach Griechenland, derfelben zu entziehen. Nicht glücklicher war der weife und tugendhafte Dion nach dem Tode des erften Tyrannen, in feinem Vorhaben, dem jungen Dionys, feinem Neffen, Liebe für die Tugend einzuprägen; ob er dies gleich fowohl durch feinen Rath und fein Beyfpiel, als auch dadurch zu erreichen fuchte, daß er den Plato bewog, noch zweymal nach Sizilien zu reifen. *)

Dio=

---

*) Der ältere Dionys hatte zwey Weiber geheurathet; die erfte war aus Locris und hieß Doris, die zwote Gemahlin war Ariftemache, eine Syrakuferin und die Schwefter des Dion.

Dionys der jüngere, ein Sklave seiner Leidenschaften und ein Opfer seiner Begierden, wurde zweymal vom Trone gejagt und floh nach **Koryneh**, wo er im größten Elende starb.

Erst dann, als Sizilien das Joch seiner Tyrannen abgeschüttelt und eine republikanische Regierungsform angenommen hatte, erzog es **Redner** in seinem Busen. Selten erreicht das Rednertalent unter einer despotischen Verfassung eine gewisse Höhe; nur in Ländern, wo das Volk selbst über sein Schicksal und über seine Gesetze entscheidet, kann derjenige, welcher die Gabe der Rührung und Ueberredung besizt, zu den größten Würden und Ehrenstellen gelangen.

Unter den Rednern Siziliens ist vorzüglich **Gorgias von Leontini** berühmt. Fast kein Grieche erlangte den Ruhm, den er sich erwarb; die wichtigsten Aufträge, bey Angelegenheiten, wo es Ueberredung galt, wurden ihm zu Theil, und immer entledigte er sich ihrer mit dem besten Erfolg. Zu **Athen**, wohin Gorgias abgesandt wurde, um Hülfstruppen gegen die Syrakuser zu verlangen, war der Erfolg seiner Beredsamkeit so groß, daß ihm nicht nur sogleich sein Gesuch gewährt, sondern sogar ein Denkmal in der Gestalt eines Gottes der Beredsamkeit gesezt wurde, und zu **Delphi** wurde ihm für eine bey den Olympischen Spielen gehaltene Rede, eine goldene Krone zuerkannt, und als er endlich in sein Vaterland zurückkam, ließen die Leontiner ihm zu Ehren eine Münze schlagen, die auf der einen Seite ein Apollhaupt und auf der andern einen Schwan im Gepräge hatte, mit der Zueignungsschrift: „Gorgias „dem Leontiner."

Auch an berühmten Geschichtschreibern fehlte es Sizilien nicht, und Cicero erwähnt in seinen Briefen an den Atticus dreyer berühmten Schriftsteller von dieser Gattung, die er sehr lobt, nämlich des Philistus von Syrakus, des Timäus von Tauromenium und des Dicäarchus von Messina. Die Werke dieses leztern waren vorzüglich bey den Griechen so geschäzt, daß sie alle Jahre zu Lazedämon vor den Ephorn in Anwesenheit der Spartanischen Jugend öffentlich abgelesen wurden; allein es ist uns von allen seinen Schriften nicht das geringste mehr übrig, und der einzige Sizilianische Geschichtschreiber, dessen Werke wir zum Theil noch besitzen, ist Diodorus von Argyrium gebürtig, welches heut zu Tage San Philippo d'Argiro heißt. Dieser berühmte Schriftsteller war ein Zeitgenosse Cäsars und Augusts. Nachdem er viele Reisen in Europa und Asien gethan hatte, hielt er sich dreyßig Jahre lang in Rom auf, wo er seine Geschichte, oder allgemeine Bibliothek in griechischer Sprache ausarbeitete. Sie soll aus vierzig Büchern bestanden haben, von denen wir aber nicht mehr als funfzehen kennen. Der Styl seines Werks ist hell, einfach und dem Fach der Geschichte angemessen; indeß wirft man ihm doch etwas zu viel Nachläßigkeiten und Unrichtigkeiten in Ansehung der Zeitordnung vor, die er bey Erzählung der Begebenheiten nicht pünktlich genug beobachtete. Unter der unzähligen Menge von großen Männern, durch die Sizilien im Alterthum berühmt ward, ist doch immer Archimed der erste und größeste; so wie er überhaupt stets eines der größten und außerordentlichsten Genie's bleiben wird, die die Erde hervorgebracht hat. Dieser berühmte Mann wurde zu Syrakus im britten Jahr der hundert und

und drey und zwanzigsten Olympiade, 287 Jahr vor Christo geboren, und verlor, wie man weiß, mit dem Ruin seiner Vaterstadt, nachdem er ihr zuvor die wesentlichsten Dienste geleistet hatte; an dem nämlichen Tag sein Leben, an welchem Syrakus von den Römern erobert wurde. Ehe wir aber von dieser für Sizilien so wichtigen Begebenheit sprechen, wird es nicht überflüssig seyn, einige Worte von Hiero II., dem größesten Prinzen, der je diese Insel beherrschte, und den sie ihren blühendsten Zustand verdankte, hier voraus zu schicken.

Während einer funfzigjährigen Regierung beschäftigte sich Hiero, dieser wahre Vater seines Volkes, mit nichts anderem, als mit der Sorge, seine Unterthanen glücklich zu machen. Das sicherste Mittel, wodurch er diese schöne Absicht zu erreichen hofte, glaubte er, sey die Benützung und Erhöhung der natürlichen Fruchtbarkeit Siziliens, dieser Quelle seiner vorzüglichsten Reichthümer, und die Erhaltung des Friedens. Ruhiger Zuschauer der furchtbaren Kriege Roms und Karthago's, blieb er nichts destoweniger stets ein getreuer Bundesgenosse der Römer, und sogar in demjenigen Augenblick, wo diese ungezweifelt zu unterliegen schienen, z. B. nach der Schlacht bey Cannä, war er der erste, welcher ihnen Hülfe anbot und leistete. *)

Das

---

*) Die Gesandten des Hiero hatten, sagt uns Titus Livius, den Auftrag, den Römern in seinem Namen die Bildsäule einer goldnen Victoria zu überreichen, welche 300 Pfund wog; überdies sandte er ihnen 300,000 Scheffel Waizen, 200,000 Scheffel Gerste und 1000 Mann leichtbewaffneter Truppen, um solche den Balearen und Moren des Hannibal entgegen zu stellen.

Das Glück Siziliens gieng mit Hiero zu Grabe. Sein Nachfolger Hieronymus, ein schwacher, zur Regierung unfähiger Prinz, konnte den verschiedenen Faktionen, die sich gleich nach dem Tode des Hiero zu Syrakus zu Gunsten der Karthager bildeten, nicht widerstehen; er ward selbst mit in dieselben verwickelt, und verließ die Parthey der Römer gänzlich.

Mittlerweile hatte Appius, der damalige römische Prätor Siziliens, Abgesandte an ihn gesandt, um das Bündniß, welches die Republik mit seinem Anherrn geschlossen hatte, zu erneuern; allein der junge Prinz empfieng sie mit Stolz und Verachtung, und erkundigte sich spöttelnd um die nähern Umstände der Schlacht bey Cannä. Diese einzige beschimpfende Frage war die Ursache aller jener Unglücksfälle, die bald hernach über Syrakus hereinbrachen.

Das erzürnte Rom gab dem Consul Marcellus, der sich bereits durch seine Siege über den Hannibal berühmt gemacht hatte, Befehle, diese Hauptstadt Siziliens zu belagern, und sie sowohl zu Land als zur See, auf das lebhafteste anzugreifen. Marcellus übertrug das Commando der Landtruppen dem Appius und behielt die Befehlshaberstelle über die Flotte selbst. Diese bestand aus 60 Ruderschiffen, von fünf Reyhen Rudern, die mit allen damals bekannten Kriegswerkzeugen zum Angriffe fester Plätze, versehen waren. Allbekannt ist es, daß während jener Belagerung Archimedes seine Talente und die außerordentlichen Hülfsmittel seines Geistes entwickelte und in Bewegung sezte, und daß durch die Würkung und Stärke verschiedener Kriegsmaschinen, mit deren Gebrauch er die Belagerten

ten bekannt machte, allein der Untergang der Stadt Syrakus drey Jahre lang verzögert wurde. *)

Wissenschaften und Philosophie waren es inzwischen nicht allein, was in Sizilien zu so hohem Grade stieg, auch die schönen Künste wurden von den Bewohnern dieser Insel sehr geschäzt und gewiß zu nicht minder hohem Grade getrieben.

*) Man findet im Titus Livius, im Plutarch, und vorzüglich im Polybius, einem gleichzeitigen Schriftsteller, die genaue Beschreibung seiner berühmten Belagerung, und der merkwürdigen Vertheidigungs-Anstalten der Syrakusaner, die sie größtentheils dem Rath und dem Erfindungsgeiste Archimeds verdankten, dessen Würkungen so bewundernswürdig waren, daß man sie selbst zu unsern Zeiten noch nicht recht zu begreifen vermag. Die Römer waren durch sie so sehr in Schrecken gesezt worden, daß sie die Flucht ergriffen; so bald sie nur auf den Mauern der Stadt einige herabhängende Saile, oder ein drohendes Stück Holz erblickten, weil sie glaubten, Archimed werde wieder einen Hagel von Pfeilen oder Steinen nach ihnen schleudern.

Marcellus war gezwungen, die Belagerung der Stadt Syrakus in eine Einschließung zu verwandeln, er vernachläßigte indessen nichts, um geheime Verständnisse in derselben zu erlangen, wozu ihm von einigen Flüchtlingen, die in sein Lager gekommen waren, die Mittel erleichtert wurden. Aber verschiedene Verschwörungen wurden entdeckt, und man mußte neue anzuzetteln suchen. Endlich bot das Ungefähr selbst eine Gelegenheit dar, von welcher der Feldherr Gebrauch machen mußte, und welche, wie alle Geschichtschreiber versichern, den Untergang der Stadt nach sich zog. Ein Gesandter, den die Syrakuser an den König Philipp nach Macedonien sandten, wurde von den Römern aufgefangen und in ihr Lager gebracht. Man trat wegen seiner Loskaufung in Unterhandlungen, und Marcellus bewilligte sie. Die Zusammentritte wurden am Fuß eines Thurms gehalten, welcher nahe am Hafen lag, längs der Mauern, die die Vorstädte Achradina und Tyche umgab.

ben. Hiervon zeugen, außer der großen Menge kostbarer Münzen von dem schönsten Gepräge, auch noch vorzüglich die Ueberreste seiner Tempel und übrigen antiken Gebäude; sie beweisen uns zur Genüge, zu welcher bewundernswürdigen

gab. *) Ein römischer Soldat, welcher Zeit hatte zu beobachten, ohne beobachtet zu werden, maß die Höhe und Gestalt dieses Thurms, bey welchem die Mauern vielleicht nicht so hoch, als an den übrigen Orten der Stadt waren, gab dem Marcellus davon Nachricht, und erregte in ihm den Gedanken, daß man da den Platz im Sturm mit der Leiter erobern könne, welches wohl um so eher möglich seyn müßte, wenn man den ohnedies nahen Zeitpunkt des Dianenfestes hiezu bestimmen wolle, an welchem die Syrakuser sich mehrere Tage ganz den Vergnügungen zu überlassen pflegten. Marcellus wußte auch diese Tage der Unthätigkeit und Feste vortrefflich zu benützen; er ließ eine große Menge Leitern fertigen, die eben so hoch waren, als es ihre Bestimmung erforderte; führte in der bestimmten Nacht tausend Mann auserlesene Truppen an den angezeigten Ort, und wurde auf diese Art bald Meister von dem oben beschriebenen wichtigen Thurm. Von hieraus besezten seine Soldaten in kurzem eines der Hauptthore, dessen Eroberung ihnen die Dunkelheit der Nacht erleichterte. Jezt war keine Stille mehr nöthig; die Römer drangen in die Stadt, die Trompeten auf den Mauern erschollen, und Marzellus, welcher bereits einen großen Theil seines Heers an der Seite jenes Thores zusammen gezogen hatte, führte seine Leute selbst an, und besezte mit ihnen die Vorstadt Epipolä, welche auf der Anhöhe lag und von welcher man die ganze Stadt übersehen konnte. — *Marcellus,*

*) Es ist nämlich bekannt, daß Syrakus eigentlich aus fünf Städten bestand, nämlich: Nasos oder Ortygia, wo Hierons Palast und die berühmte süße Quelle sich befand; Achradina, wo das prächtige Prytaneum war; Tyche, wo der Tempel der Tyche oder Fortuna sich befand; Neapolis, wo das Theater stand und Epipolä. Mitsch W. d. a. G. S. 575.

gen Vollkommenheit die Baukunst daselbst gestiegen seyn müsse. Ja man muß sogar bekennen, daß, wenn im eigentlichen Griechenland kostbarere und prachtvollere Gebäude aufgeführt wurden, jenes doch nichts von dieser Art aufzuweisen

ut moenia ingressus ex superioribus locis urbem omnium ferme illa tempestate pulcherrimam, subjectam oculis vidit, illacrimasse dicitur: partim gaudio tantae perpatratae rei, partim vetusta gloria urbis. Tit. Liv. L. XXV., Sect. XXIV.

Der Lärm verbreitete sich bald durch alle Gegenden der Stadt, und dem Feldherrn der Syrakusaner blieb weiter nichts übrig, als sich mit ihren Truppen in eine von den Vorstädten, nämlich die Vorstadt Achradina zu werfen und daselbst zu verschanzen, und weil diese ohnehin sehr vest und zum Theil vom Meer umschlossen war, die Römer zu einer nochmaligen Belagerung zu zwingen. Eine Sache, die um so bedenklicher für letztere schien, und sich um so mehr in die Länge verziehen konnte, weil von der andern Seite die Karthager zur Hülfe angekommen waren. Allein, da die Pest unter ihrem Heer eingerissen war; so konnten sie sich den Vorschritten der Römer weder widersetzen, noch einen Angriff auf diese wagen, sondern waren gezwungen, die Stadt ihrem Schicksal zu überlassen. Dieser Umstand bewog die Belagerten, eine Abordnung an den Marcellus, dessen Güte und Menschenliebe sie kannten, zu senden, und den Römern alle Einkünfte der ehmaligen Sizilianischen Könige gegen die Versicherung anzubieten, daß die Güter der Unterthanen unangetastet bleiben, und ihnen ferner erlaubt seyn solle, nach ihren Gesetzen zu leben.

Dies waren allerdings Vorschläge, die dem römischen Feldherrn annehmlich schienen. Er sandte daher ein kleines Korps, um sich des königlichen Schatzes zu versichern, ließ Wachen vor die Häuser derjenigen stellen, die sich zu ihm geflüchtet hatten, und gab die Stadt der Plünderung preis, jedoch mit dem ausdrücklichen Befehl, ihm alle Greise vorzuführen, und keinen der Einwohner weder zu tödten, noch übel zu behandeln. Marcellus

sen hatte, was den kolossalischen Formen gleich käme, die man in mehreren Städten Siziliens, z. B. in Selinus, Segessa und Agrigent antraf, und besonders jenem berühm-

lus hatte, als er diesen Befehl gab, sein Augenmerk vorzüglich auf die Erhaltung des großen Mannes gerichtet, dessen Kunst, und außerordentliches Genie seine Bewunderung erregt hatte; inzwischen waren doch alle seine getroffene Vorsichtsmaßregeln vergeblich, und ein fatales Geschick schien es verhindern zu wollen, daß ihm das Vergnügen, diesem größten Geist seines Zeitalters persönlich huldigen zu können, nicht zu Theil würde.

Alle Geschichtschreiber versichern, Archimed sey, ungestört durch das fürchterliche Getöse, von dem eine so eben der Plünderung unterworfene Stadt wiederhallen muß, gerade beschäftigt gewesen, ein Problem seiner Kunst aufzulösen; als ein Soldat plötzlich in sein Studierzimmer getreten sey, und ihm unhöflich zugerufen habe, ihm zu folgen. Archimed, vertieft in seinen Untersuchungen, habe diesem weder geantwortet, noch auf seinen Zuruf geachtet; der Soldat habe dies für Verachtung angesehen, sein Schwerd gezogen, und den großen Mann auf der Stelle getödtet. So starb dieser bewundernswürdige Geist in einem Alter von fünf und siebzig Jahren, 212 Jahr vor Christo. Marcellus war, als er diese Nachricht erfuhr, untröstlich. Er ließ alle Verwandten Archimeds aufsuchen, überhäufte sie mit Gütern und Ehren, und ließ dem Ermordeten ein Grabmal errichten, auf dem eine Himmelskugel in einem Cylinder eingegraben wurde; um eine Erfindung in der Geometrie anzuzeigen, die man dem Archimed zu verdanken hatte, nämlich die Bestimmung der Verhältnisse des Cylinders zur Sphäre, die darin enthalten ist. Man trifft in den Libr. Tusculan. des Cicero im 5. Buch eine sehr merkwürdige Anekdote in Bezug auf das Grabmal Archimeds an. Cicero erzählt daselbst, daß er selbst so glücklich gewesen sey, dieses Grabmal, welches für die Syrakuser von so großem Werth hätte seyn sollen, zu entdecken, nachdem es in einem Zeitraum von kaum zweyhundert Jahren bey den Landsleuten des Archimeds schon gänzlich in Vergessenheit gekommen war.

rühmten Tempel des Olympischen Jupiters, der am leztern Ort zu sehen war, und den das Alterthum selbst mit dem Namen Tempel der Riesen zu belegen pflegte. *)

Die Maler- und Bildhauerkunst war bey den Sizilianern nicht minder geschäzt. Plin nennt uns verschiedene dortselbst geborne berühmte Maler, und unter andern einen gewissen Demophilus von Hymettus, der der Lehrmeister des Zeuxis gewesen seyn soll.

Aber nichts ist fähiger einen bestimmten Begriff von dem hohen Grad zu geben, zu welchem die Künste in diesem Lande gebracht worden waren, und von den verschiedenen Vortheilen, welcher man sich hiebey zu bedienen wußte, als die Beschreibung einer unermeßlichen Galeere, die man im Athenäus findet, und welche zu Syrakus unter der Anleitung Archymeds, auf Befehl des Hiero erbaut worden seyn soll. Diese riesenmäßige Galeere, welche nach der Erzählung des ebengenannten Geschichtschreibers zwanzig Ruderrei-

*) Vielleicht wäre es hier nicht unschicklich, unsern Lesern einige Nachrichten von jenen berühmten alten Pflanzungen zu geben, deren Macht und Reichthum so groß waren, daß die Erzählungen, die uns die Geschichtschreiber davon mittheilen, alle Glaubwürdigkeit übersteigen; z. B. von jenen Agrigentinern, deren Luxus und Weichlichkeit, der Verschwendung der Sybariten gleich kamen, wenn sie solche nicht sogar übertrafen; allein wir befürchten, in diesem Vorbericht ohnehin schon zu weitläuftig gewesen zu seyn, und halten es daher für zweckmäßiger, diese Erzählungen hier und da bey schicklichen Gelegenheiten und bey der Beschreibung der Orte und Gegenden in dem Verfolg des Werkes selbst zu liefern.

derreißen hatte, soll einem großen Pallast, oder einer schwimmenden Festung geglichen haben. *)

Wir schließen hier diese vorläufigen Nachrichten von dem ehmaligen Zustande Siziliens, ohne uns über die verschiedenen politischen Revolutionen auszubreiten, in Rücksicht deren wir unsere Leser auf diejenige Einleitung verweisen, die bereits dem ersten Bande dieses Werks vorgedruckt worden ist.

*) Wenn man inzwischen bedenkt, welche geringe Fortschritte die Schiffbaukunst bey den Alten gemacht hatte; so ist es sehr glaublich, daß dieses Wunder für die damalige Zeit, doch lange nicht das gewesen sey, was heut zu Tage ein Kriegsschiff mit drey Verdecken ist.

Erstes Kapitel.

Beschreibung der Stadt Messina und des Hafens derselben. Reise von Messina nach Taormina.

Es ist unnöthig, hier zu erinnern, daß die Reise nach Sizilien, von welcher wir hier die Bemerkungen liefern, vor dem schrecklichen Erdbeben unternommen wurde, welches sich am 5. Februar 1783 ereignete, und der ganzen Gestalt der unglücklichen Stadt, allen Formen ihrer Gebäude, ein verändertes Ansehen gab. Die Beschreibung derselben verliert indessen nichts von ihrer Wichtigkeit, und wir glauben im Gegentheil sogar, daß sie dadurch gewinnen müsse, weil sie ein Mittel abgiebt, sich in künftigen Tagen einen Begriff von Messina machen zu können, wie es vor dieser schrecklichen Veränderung aussah.

Eben so wenig dürfen wir befürchten, daß dasjenige unwichtig seyn werde, was wir von den Festen, von den religiösen Schauspielen und öffentlichen Feyerlichkeiten sagen wollen; ob es schon auf den ersten Augenblick am unrechten Ort zu seyn scheinen möchte, von den Festen und Lustbarkeiten einer Stadt zu reden, die auf lange Zeit durch einen Unglücksfall in Trauer und Verzweiflung gestürzt worden ist. Allein unsere Leser werden bedenken, daß wir nicht gerade für den gegenwärtigen Augenblick schreiben, daß die Sitten, die

Meinungen und die Gebräuche eines Volkes, von schnellen Ereignissen der Natur unabhängig und allzusehr mit der Beschreibung, die wir von diesem Lande geben müssen, verwebt sind, um sie mit Stillschweigen hier übergehen zu können.

Wenn auch der größte Theil der Gebäude, wenn, um uns recht stark auszudrücken, alles, was von Menschenhänden gemacht war, in dem gegenwärtigen Augenblick nicht mehr ist, oder doch wenigstens große Beschädigungen erlitten hat; so kann doch dasjenige, was die Natur dem Lande gab, jene außerordentliche Fruchtbarkeit, jenes reizende Klima, nicht vernichtet worden seyn, und würde auch bey gänzlicher Zerstörung, die Einwohner, wenn sie sich vom ersten Schrecken erholt haben, wieder dahin, so wie nach Katana zurückrufen, um eine neue Stadt zu erbauen, welche die zerstörte an Pracht und Reichthum übertraf. *)

Wir

*) Folgende Stelle eines Briefs, den wir kurz nach jener schrecklichen Begebenheit aus Messina erhielten, wird einen Aufschluß über die Verheerungen, die das Erdbeben daselbst angerichtet hat, geben können.

„Sie haben recht, mein Herr! wenn Sie vermuthen, daß der gegenwärtige Zustand von Messina, und seinen schönsten Anlagen, nicht der Mühe verlohne, ihn in Aufzeichnung bringen zu lassen. Ein Gemälde, welches einen Haufen Schutt und Trümmer vorstellt, die in Unordnung durch einander liegen, kann unmöglich einige Würkung thun, und der König von Neapel, welcher eine genaue Uebersicht von der gegenwärtigen Ansicht der Stadt haben wollte, war gezwungen, sich einen Abriß auf einen schmalen, vier Ellen langen Streif Papier fertigen und darauf die Palazzata, Fenster vor Fenster zeichnen zu lassen, worauf diejenigen, welche verheert wurden, durch Flecken angedeutet sind. Dieser Riß ist aber so elend ausgefallen,

daß

Wir folgen daher unserem Reisejournal, so wie es Herr d.e Non, Chargé d'Affaires bey dem König von Neapel, geführt hat; und zwar um so mehr, je mehr wir ihm Dank schuldig sind, daß er die Mühe übernahm, über Arbeiten unserer Zeichner, die er durch ganz Calabrien und Sizilien begleitete, die Aufsicht zu führen.

Nach diesem finden wir unsere Reisegesellschaft in dem Augenblick wieder, wo sie die Meerenge passirte, und den Ungeheuern der Charybdis und der Scylla in den Rachen blickte. Ehe wir aber auf die Beschreibung der unglücklichen Stadt Messina selbst übergehen, und die ehmalige Pracht ihrer Gebäude den Lesern bekannt machen, halten wir es für

C 3

dien-

daß ich mich wohl hüten werde, Ihnen einen Kopie davon zuzusenden. Bis jetzt ist noch kein bestimmter Entwurf zur Wiedererbauung vorhanden. Die Regierung hatte seit einiger Zeit den Entschluß gefaßt, Messina nach einem neuen Plan wieder aufbauen zu lassen und zwar mit breiten Straßen, mit Marktplätzen, und vorzüglich mit einegädigen Häusern; allein die Privatleute machen sich ihre Baustätten und was noch übrig ist, streitig, und man mußte folglich zur Zeit jeden bestimmten Entschluß hierüber ausgesetzt seyn lassen. Man ist gegenwärtig beschäftigt, die Straßen und Dämme vom Schutt zu reinigen, und jedem Einwohner die Materialien zu sichern, den Ueberrest aber auf die Heerstraße zu führen, oder außerhalb des Hafens in den Kanal zu schütten.

Der König erklärte, daß er mit dem größten Vergnügen die Wiedererbauung der Palazzata sehen würde, und er verspricht sogar Geldbeyträge allen denen, die sie verlangen; es ist folglich zu hoffen, daß Messina mit der Zeit wieder eben so werde erbaut werden, wie es ehmals war, ja daß die Stadt, wenn die Regierung wollte, nach Verlauf von 20 Jahren noch schöner und weit blühender seyn müßte, als sie vor dem Erdbeben war. Der

dienlich, hier zuvor eine Erzählung von dem schrecklichen Erdbeben, welches sie fast gänzlich zerstörte, voraus zu senden. Diese Nachrichten scheinen uns um so lesenswürdiger, da sie an Ort und Stelle selbst niedergeschrieben worden sind.*)

Das Erdbeben, welches die Stadt Messina und ganz Calabrien vor kurzem zerstört hat, ist unstreitig eines der beträchtlichsten, deren die Geschichte erwähnt, und die gegenwärtige Lage dieser unglücklichen Gegenden, stellt ein Gemälde vor, welches fähig ist, das Mitleid der hartherzigsten Seelen zu erregen.

Eine

<blockquote>
Der Hafen hat beynahe nichts gelitten, und würde durch wenige Ausbesserungen am Damm leicht wieder ganz herzustellen seyn; Handel und Wandel hat daselbst, wie zuvor seinen Fortgang, und kann durch die Erleichterungen, die man verspricht, wohl noch stärker und wichtiger werden, als vorhin.

Dies, mein Herr! ist die gegenwärtige Lage der Dinge, die wahrscheinlich sich nicht verändern wird; sollte eine Veränderung eintreten, so erhalten Sie von mir sichere Nachrichten. Uebrigens bin ich so frey, Ihnen zu sagen, daß ich Ihr Vorhaben, die Beschreibung von der Stadt Messina abzuändern, mißbilligen muß; der moralische Zustand der Einwohner, die Feste, die Gebräuche, sind noch die nämlichen; die Wasserwerke, die Bildsäulen, die wir besaßen, besitzen wir noch, und die Natur selbst wird in der Folge hier und in der Gegend wieder ihre alte Gestalt annehmen. Ich habe die Ehre zu seyn ꝛc.
</blockquote>

*) Dieser Bericht, den wir hier einrücken, wurde dem Minister von dem französischen Vicekonsul zu Messina, Herrn Lallemens, einem wahrhaft verdienstvollen, und von den Sizilianern eben so, als von allen Reisenden, geschätzten Manne, kurz nach dem Erdbeben erstattet.

Eine der schönsten Städte Italiens, worin fast kein einziges unbeschädigtes Gebäude angetroffen ist; die reichste Provinz, die Fruchtkammer des Königreichs Neapel, auf eine unglaubliche Art in einem Umfang von mehr als 60 Quadratmeilen zerstört. Dreyhundert und vierzig Städte, Flecken und Dörfer, von Grund aus verschüttet; funfzig tausend Einwohner unter ihrem Schutt begraben, und der Rest von einer zahlreichen Bevölkerung zusammen gedrängt unter aufgeworfene Hütten von Brettern, Schilf und Baumzweigen, meist mit Stroh oder Lumpen bedeckt, dies, mein Herr! ist das Schauspiel des Schreckens, das sich heute unsern Blicken darstellt. Glücklich noch würden die einzelnen Menschen zu schätzen seyn, die dem gänzlichen Ruin ihres Vaterlandes entflohen sind, wenn sie nur eine Grenze ihres Unglücks sähen, allein Schrecken und Verzweiflung scheinen ihr Loos zu seyn. Noch immer ist die Erde in Bewegung, noch stets dauern die Stöße fort, und wir empfanden diese Tage her wieder sehr heftige Erschütterungen; der Erdboden schien unter unseren Füßen zu fliehen; das Klima ist nicht mehr das nämliche. Jener heitere, ruhige und angenehme Himmel, an den wir uns um diese Jahrszeit gewöhnt hatten, ist beynahe immer verdunkelt, dicke Wolken verhüllen ihn, und rauben uns fast alle Augenblicke den Strahl der Sonne. Kälte folgt in einem Zwischenraum von wenigen Stunden der Hitze. Veränderliche und stürmische Winde wehen unaufhörlich und mit Gewalt. Kurz alles zeugt von der Unordnung der Natur und scheint neue Unglücksfälle zu verkündigen.

Gewiß, jede Familie in Meßina müßte sehr merkwürdige Anekdoten über diejenigen Unfälle, die sie besonders während des Erdbebens auszustehen hatte, erzählen können. Die Ueberraschung, die Betäubung, der Anblick eines fast unvermeidlichen Todes, die vervielfachten Leiden der Natur, die Hülfsmittel, die der Instinkt an die Hand gab, als die Vernunft nicht mehr ihre Stimme hörbar machen konnte; die Bemühungen, die man anwandte, um der allgemeinen Verheerung zu entfliehen, um die geliebten Freunde und Anverwandten den Trümmern zu entreißen; die Verschiedenheit und der Nachdruck dieser Mittel, dies alles sind eben so viele Mitleiden erregende Züge, die verdienten aufbehalten zu werden; aber sie sind so unzählig, daß es unmöglich ist, sich dabey zu verweilen. Ich werde daher nur Thatsachen erzählen, die ich in Erfahrung bringen konnte, die ich täglich vernahm, die mir Herr Gallo, der einzige, der über diesen Gegenstand als Gelehrter zu schreiben vermag, mittheilte, und die ich selbst wahrzunehmen Gelegenheit hatte. Wenn es möglich wäre die Konvulsionen der Natur an äußerlichen Kennzeichen, welche gewöhnlich vorher zu gehen pflegen, voraus sehen zu können; so könnte man sagen, diese schreckliche Katastrophe sey wirklich einige Zeitlang zuvor verkündiget worden. Der Herbst war kalt und regnerisch; das Farenheitische Thermometer stieg oft auf 56 Grad herab, der Winter war trocken; und das nämliche Thermometer war beständig über 52 Grad. Es entstanden oft Ungewitter auf der Westseite, eine zu jener Jahreszeit ungewöhnliche Erscheinung. Die Seewinde hatten nicht mehr ihre bestimmten Zeiten, wie zuvor, und die Piloten des Kanals, die diese Veränderungen berichteten, versicherten, öfters eine heftige und brausende Bewegung an den Wassern der Carybdis wahrzunehmen, die sie il Garofalo nennen. Am 5. Februar

Februar war die Luft drückend und ruhig, der Himmel mit dicken Wolken bedeckt, und die Athmosphäre entflammt. Um halb ein Uhr Mittags begann die Erde mit gräßlichem Getöse zu zittern; die Erschütterungen wurden nach und nach heftiger, und wurden endlich so gewaltig, daß sie in zwo bis drey Minuten einen Theil der Gebäude einwarfen.

Hierauf sah man eine lange grauweise Wolke sich von Nordwest erheben, welcher eine sehr dunkle nachfolgte, die den ganzen Horizont in einem Augenblick bedeckte, eine ungeheure Wasserfluth über die Stadt ergoß und Schrecken und Verwirrung vermehrte. Alles verließ die Häuser und floh auf die öffentlichen Plätze, auf die benachbarten Felder, und auf die Schiffe, die sich im Hafen befanden.

Jeden Augenblick bebte die Erde unaufhörlich, und erst gegen fünf Uhr schienen die Stöße etwas nachlassen zu wollen. Die Einwohner kehrten um diese Zeit in ihre Mauern zurück, theils um ihre Verwandten, ihre Eltern, Kinder oder Freunde aufzusuchen und diesen zu Hülfe zu kommen; theils um ihre Habseligkeiten, ihre Kleider und Kostbarkeiten aus den halbverschütteten Häusern zu retten, oder doch wenigstens dasjenige, was ihnen an Viktualien und zur Bedeckung am unentbehrlichsten war, hieraus zu holen. Wieder andere kehrten durchnäßt vom Regen und Ungewitter zurück, um Obdach und Trocknung zu erlangen, da sie außerhalb nirgends eine Zuflucht fanden; noch andere endlich eilten in die Stadt zurück, um sich die allgemeine Unordnung zu Nutze zu machen, das heißt — zu stehlen, und die offenen verlassenen Häuser zu berauben. Wirklich kostete diese leztere Gattung von Kühnheit einer großen Anzahl Menschen das Leben.

Um

Um Ein Uhr Mitternachts, wurde die Erde abermals weit heftiger als zuvor erschüttert, und was bis jezt von Gebäuden stehen geblieben, aber beschädigt worden war, fiel nun zusammen.

Seit dem blieb die Stadt verlassen, die Einwohner halten sich in den umliegenden Gegenden auf, der größte Theil vom dritten Stande und vom Volke wohnt in Erdhütten in der Ebene von Porto Salvo, unterhalb des Flecken Salleo; der Adel, der Magistrat und die Bürgerschaft aber haben ihre Wohnplätze in einer Ebene jenseits des Stroms Porta di Legno, und das Militär zu Terra Nuova auf der Esplanade der Vestung gewählt.

Die heftigen Stöße des 7. Februars und 28. März haben noch diejenigen Häuser zerstört, welche den ersten Stößen widerstanden, und man kann wohl behaupten, daß fast kein einziges bewohnbares Haus in der Stadt mehr übrig sey; ausgenommen in dem Viertel am Abhang des alten Schlosses Matta-Griffone, wo die Frauenklöster und das St. Klarenkloster standen, nahe am Plaze der Regierungsgebäude, welche nicht sehr gelitten haben. Man hat behauptet, die Erde habe sich an mehreren Orten geöffnet, und man habe Schwefel- und Pechgerüche verspürt, Dünste von dieser Gattung, seyen aus den Oeffnungen hervorgequollen, man habe entflammte Meteore über der Stadt emporsteigen gesehen, die Meereswogen hätten die Dämme überstiegen und einen Theil des Erdbodens mit sich fortgerissen. Allein alle diese Versicherungen sind die Erzeugnisse einer erhizten Einbildungskraft, und der Verirrung der Sinne vom Schreken. Ohne eben widersprechen zu wollen, daß dergleichen starke

starke Bewegungen der Erde, fähig gewesen seyn können, Dünste aus ihren Eingeweiden hervorzutreiben, kann man den Ursprung derselben weit natürlichern Ursachen zuschreiben.

Die ganze Oberfläche Siziliens ist unstreitig mit Schwefel und Harztheilchen erfüllt, die der Boden beständig aushaucht. Feuer ergriff drey oder vier Häuser beym Amphitheater der Marine, die Flammen fuhren durch die Zwischenräume verschütteter Gebäude, erhoben sich über die Häuser, und brachten diese Luftzeichen, so wie auch wahrscheinlich die Dünste hervor, die man für Folgen des Erdbebens hielt.

Das Meer bewegte sich im Hafen nur schwach; die Schiffe, die sich darin befanden, litten nichts, und die Lage von Messina an einem engen und verschlossenen Kanal, sicherte es vor dem Ungestüme der Wogen, die an der Küste von Scylla und Bagnara vielen Schaden anrichteten.

Die Straße vom Seminarium bis zum Zollgebäude ist ihrer ganzen Länge nach gespalten und das Stakettenwerk am Fischmarkt ist eingesunken, aber jener ganze Theil der Stadt ist künstlich gebaut und dem festen Lande bloß durch einen Grund von Pfahlwerk angehängt gewesen. Die Stöße waren so stark, daß sie die Kästen und Kunstgebäude des Grundes, die ihn zusammen hielten, in Unordnung brachten, und die Senkung verursachten. Dies nämliche bemerkte man an den Magazinen beym Lazareth, die an verschiedenen Orten von einander borsteten, indeß das feste Erdreich, oder der natürliche Damm San-Ranieri, welcher den Hafen bildet, keine sichtbare Erschütterung erlitte.

Mitten

Mitten in der Verwirrung und dem Gewühl, das ein so schnell einbrechendes Unglück natürlich zur Folge haben muß, wachte die Vorsehung augenscheinlich für die Erhaltung der Einwohner. Die Kornmagazine blieben unbeschädigt, mehrere öffentliche Bäckereyen blieben stehen, die Wasserleitungen wurden erhalten, und alle umliegende Dörfer haben fast gar nichts gelitten. Einige Glieder der öffentlichen Verwaltung waren bemüht, Ordnung und Ueberfluß wieder herzustellen, und am dritten Tage nach dem Erdbeben hatte fast niemand Mangel an den nothwendigsten Bedürfnissen. Messina fand seine Erhohlungsmittel in sich selbst. Die Lebensmittel, die der König herbey sandte, wurden dem Militär von der Besatzung überliefert, welches sie gänzlich aufzehrte. Die Maltesischen Galeeren versahen nach einigen Tagen die Kranken und Armen auf eine so edelmüthige Art mit den nöthigen Lebensmitteln, die wirklich öffentliches Lob verdient. Aber man schlug — aus einer mir unbekannten Ursache — sowohl die beträchtlichen Unterstützungen, welche die Kommandanten anboten, als auch dasjenige aus, was der König von Frankreich mit so vieler Theilnahme geschickt hatte. Man hatte zu Palermo den Befehl gegeben, alles, was sich für Rechnung des Königs in der Kasse befände, und auch die Einkünfte der Jesuiten und des Erzbischofs von Montreal, nach Messina zu schicken; allein man hatte nicht daran gedacht, daß die Rechnungen seit einem Monat abgeschlossen, und die vorräthigen Gelder nach Neapel abgesandt worden waren; man war folglich gezwungen, die zur Aufhülfe für das Volk erforderlichen Gelder aus dem Schatz von Messina selbst zu nehmen. Sechzigtausend Livres wurden auf dem Lande zur Erhaltung der Seidenwürmer vertheilt,

theilt, und fünf und zwanzigtausend an Almosen für die Dürftigen in der Stadt. Aber diese Summe war so unzureichend, und die Vertheilung geschah so unzweckmäßig, daß gerade die Unglücklichsten nichts davon erhielten, und zehentausend Lohnarbeiter und Taglöhner waren genöthigt auszuwandern und Arbeit und Brod anderwärts zu suchen.

Es ist nun offenbar und bestimmt, daß durch den Einsturz der Häuser nicht über acht bis neunhundert Menschen umgekommen sind; aber der Schade ist beträchtlich und unmöglich zu berechnen. Messina enthielt über achtzigtausend Bewohner. Das Amphitheater an der See und die Bögen, welche den Hafen mit der Stadt verbanden, kosteten unermeßliche Summen. Diese sind zerstört und die Mauern, die noch stehen, müssen eingerissen werden. Der Palast des Vicekönigs, die Hauptkirche, der Erzbischöfliche Palast, das Kollegiengebäude, das Seminarium, die Kirchen, die Klöster, die Magazine des Hafens, der Zoll, das Krankenhaus sind nicht mehr! — Alles Eigenthum in der Stadt ist vernichtet und man würde die zerstörten Gebäude nicht unter dreyßig Millionen französischen Livres wieder aufführen. Man berechne überdies den Verlust an Hausgeräthen und Kostbarkeiten, die mit verschüttet worden sind, oder die das Feuer verzehrte, oder welche durch den Zusammensturz der Gebäude zerbrachen, oder eine Beute nichtswürdiger Räuber wurden.

So schrecklich inzwischen das Resultat dieser Berechnung auch immer ausfallen mag; so ist es doch eine Kleinigkeit in Vergleichung mit dem Schaden, den dieses Erdbeben in Calabrien angerichtet hat. Außer dem Untergang so vieler

ler Städte und Menschen, öffneten sich auch ganze Berge, veränderten andere sichtbar ihre Lage. Ganze große Erdstrecken wurden senkrecht abgeschnitten und einen beträchtlichen Raum weggerückt. Thäler füllten sich und Seen voll warmen schweflichten Wassers entstanden fast Augenblicks an Orten, wo man zwey Minuten zuvor noch Landhäuser, Gärten und Hügel voll von allen möglichen Reichthümern des Pflanzenreichs erblickt hatte.

Die Städte Monteleone, Oppido, Casal=Nuovo, Terra=Nuova, Seminara und Polistena, fast alle Lehengüter des Fürsten von Cariati, sind Staubhügel. Alle andere bis an Scylla, und die von Calabria citra, von Crotona bis Reggio, sind nicht mehr benennbar. Ein großer Theil der Oehlerde, der vorzüglichste Reichthum des Landes, ist verderbt, und dies nämliche würde sich mit der Seidenniederlage zu Reggio zugetragen haben, wäre sie nicht zum Glück noch einige Tage zuvor größtentheils hinweggebracht worden.

Es ist aus den Beobachtungen unterrichteter Personen, die sich an Ort und Stelle befanden, außer Zweifel gesezt, daß der Mittelpunkt, oder die Feueresse der allgemeinen Entzündung sich in demjenigen Theil Calabriens befand, welcher unter dem Namen der Ebene von Monteleone oder Seminara bekannt ist. Dort waren die Würkungen am schrecklichsten, die Erscheinungen am außerordentlichsten, und von daher kommen auch die Erschütterungen, die wir noch jezt oft durch den Gegenstoß empfinden. Der Vulkan Stromboli wirft viel Feuer aus, und vor jeder Erschütterung hört man ein unterirdisches Getöse, welches dem Schall einer Kanone von Leuchtthurm gleicht.

Man

Man hat durchgängig die Bemerkung gemacht, daß die Gebäude, welche auf Ebenen, und auf einem Ton- und Kalk-reichen Boden errichtet waren, von Grund aus erschüttert, und so zu sagen fast zu Pulver verbrannt worden sind, indessen die auf vestem Erdreich und steinichten Felsen erbauten Wohnungen erhalten, oder doch nur wenig beschädigt wurden.

Zu Messina ist dieser Unterschied auffallend. Der ganze niedrige Theil, welcher entweder auf Pfählen oder Kalkerde stand, unterlag den ersten Stößen so sehr, daß keine Spur mehr davon übrig ist; da im Gegentheil die Gebäude auf dem Fels Matta-Grifone zu Galleo und am Abhang der Berge, die den hintersten Theil der Stadt decken, noch fest und beynah unberührt stehen.

Man darf nicht zweifeln, wenigstens ist dies die allgemeine Behauptung aller Einwohner, daß die Stöße vom 5. und 7. Februar und die vom 28. März die heftigsten gewesen seyen, und vielleicht waren diese die einzigen, die durch ihre unregelmäßigen Bewegungen die festesten Gebäude zerstören konnten. Wenn man inzwischen die Ueberbleibsel derjenigen Häuser untersucht, von welchen ein Theil stehen geblieben ist; so ist man zu glauben berechtigt, daß noch eine zwote Ursache zur gänzlichen Zerstörung so vieler Städte und Menschen beygetragen haben müsse.

Die Künste und besonders die Baukunst, sind in Kalabrien fast gänzlich unbekannt, und man hat die Muster, welche die älteren Bewohner dieser Provinz hinterlassen haben, ganz vergessen. Alle Häuser waren daselbst von zarten und zerbrechlichen Steinen erbaut, übelgebrannte Ziegelsteine, und Backsteine von Erde und Stroh geknetet und an der Sonne getrock-

getrocknet, waren die Materialien, deren man sich bediente. Das Zimmerwerk war grob, und schlecht aufgerichtet. Das Dachwerk und der Boden erleichterte den Umsturz der Wohnungen. Die ersten Stöße brachten das Zimmerwerk in Unordnung und die Balken drangen, sobald sie ihr Gleichgewicht verlohren hatten, von verschiedenen Richtungen gegen das Mauerwerk, und warfen dieses zusammen.

Die Stadt Messina befand sich in der nämlichen Lage; zwar schienen die Häuser daselbst etwas fester gebaut zu seyn, aber inwendig waren sie es nicht. Das Gebälke der Fußböden lag blos auf dem Gemäuer, ohne alle Stützung und innere Verkettung und die Erdstöße brachten folglich hier gleiche Würkung hervor. Ueberdies ist auch der Kalk, den man hier gebraucht, von schlechter Beschaffenheit, und man findet jezt, sey es nun Sparsamkeit der Eigenthümer, oder Betrug der Werkleute, mit Erstaunen, daß ein großer Theil der Mauern inwendig hohl und mit Kieseln, Backsteinen und Sand angefüllt war!

Ob gleich das Erdbeben von 1693, welches den dritten Theil der Städte Siziliens verheerte, wunderbarer Weise Messina verschonte; so läßt sich doch nicht läugnen, daß es eine Menge von Häusern daselbst sehr beschädigt habe. Diese wurden damals mit der größten Sparsamkeit wieder hergestellt, man begnügte sich, die Löcher mit Sand und Kalk auszufüllen, und die ganze Aufmerksamkeit war nur darauf gerichtet, dasjenige auszubessern, was in die Augen fiel.

Ein neues Erdbeben erfolgte im Jahre 1742, und die Pest, die im nächsten Jahre darauf die Hälfte der Einwohner hinwegraffte, erlaubte nicht, an Ausbesserungen zu denken.

Darauf

Darauf gefolgte vierzigjährige innerliche Verwirrungen, und vielleicht auch allzuwenige Sorgfalt der Regierung zu Neapel, trugen vollends das übrige bey, um diese unglückliche Stadt zu entvölkern. Ein guter Theil von Häusern blieb unbewohnt, und mehr als der vierte Theil des Amphitheaters am Meer fiel in Trümmer.

Die heftigen Erschütterungen, welche die Stadt sechs Monate lang im Jahr 1730 erlitte, vermehrten die alten Beschädigungen. Nichts wurde wieder aufgebaut, weil es die gegenwärtigen Vermögensumstände und der Verfall der Städtischen Einkünfte nicht mehr zuließen. Einige Balkenreihen der Hauptkirche waren aus ihren Fugen verschoben, und ließen eine allgemeine Beschädigung des ganzen Gebäudes mit Grunde befürchten, und doch hielt man es für hinlänglich, sie wieder an ihren Platz zurück zu schieben, ohne eben eine weitere Untersuchung über den Zustand des Gebäudes selbst anzustellen. Der Pallast des Vicekönigs befand sich in dem elendesten Zustande, der sich nur immer denken läßt, verlassen seit zwanzig Jahren, ohne alle Ausbesserungen, war sein Verfall sichtbar; eine unbeschreibliche Menge anderer Gebäude waren von der nämlichen Beschaffenheit. Unmöglich konnten also diese der Gewalt neuer Stöße widerstehen und ihr Fall zog natürlich den Einsturz anderer nach sich.

Wir schließen diese Erzählung mit der Stelle eines Briefs, den der Herzog von Rochefoucault von dem Vicekönig von Sizilien Fürsten Carraccioli erhalten hat, und die er uns einzurücken erlaubte. *)

„Es

―――――――
*) Ich glaube, daß es den Lesern angenehm seyn werde, hier einige Nachrichten von diesem starken Erdbeben, so wie wir sie

„Es kränkt mich, Ihnen nichts bestimmtes von der Wiedererbauung Messina's melden, und noch weniger Ihnen den Plan davon zusenden zu können, denn man fängt kaum noch von diesem Vorhaben an zu sprechen. Findet einst nur die mindeste Gewißheit hierüber Statt, dann werde ich Ihnen mit dem größten Vergnügen alles melden, was Sie zu wissen

in Deutschland erhielten, beygefügt zu finden, da sie nicht eben gerade die Zeitungen damahliger Zeit bey der Hand haben, und vielleicht doch wohl gerne eine Vergleichung der verschiedenen Erzählungen anstellen mögen.

Neapel, den 18. Febr. 1783.

Aus Sizilien gehen die entsetzlichsten Nachrichten von dem letztern fürchterlichen Erdbeben ein. Der gewöhnliche Kurier, welcher verflossenen Sonnabend von hier nach Kalabrien abgegangen ist, konnte wegen beständigen Erdbebens und Spaltungen des Erdbodens nicht weiter kommen, als nach Monteleone, dort übernahm er die vorgefundenen Briefe und langte am 16. dieses hier an. Aus diesen Briefen hat man lauter Nachrichten vernommen, welche den allgemeinen Jammer und Schrecken vergrößert haben. Der Zug des Erdbebens gieng von Abend gegen Morgen. Erst fühlte man Stöße gerade von unten auf, hernach war die Bewegung der Erde schwebend, (wie die Bewegung einer Wiege). Der Erdstoß dauerte 6 Minuten, und vom Mittag an am 5. Februar bis zu Mitternacht, zählte man 30 weniger heftige Stöße, und nun erfolgte der entsetzliche Stoß, der über alle jene Gegenden den Greuel der Verwüstung verbreitete. Die so schreckliche Scene war mit einem beständigen Sturm zu Wasser und zu Lande, mit einem dicken Platzregen, mit Donner, Blitz und einer grausen Finsterniß begleitet.

Von 375 Städten, Landgütern, Dörfern und gemauerten Orten, die in Calabrien gefunden werden, sind mehr als 300 entweder gänzlich, oder beynahe von Montelcone, bis zur untersten Spitze von Italien in einem Strich von 60 (italiänischen) Meilen

wiſſen verlangen. Ich ſehe wohl ein, daß ſolche Nachrichten für Herrn de Non faſt unentbehrlich ſind, und ich bin eben deswegen ſehr ärgerlich, ihm keine Aufſchlüſſe hierüber geben zu können. Indeſſen kann er wenigſtens dieſes in ſeiner maleriſchen Reiſe bemerken, daß man den Vorſatz gefaßt hat, Meſſina wieder aufzubauen, und daß man ſich gegen-
D 2 wärtig

Meilen der Erde gleich gemacht und verheert. Der Fürſt von Cariati hat 17 Güter verlohren, worunter die Stadt Semi-nara und die reiche Stadt Palmi begriffen ſind. Der Fürſt von Artore hat 7 Güter verlohren, alle liegende Gründe der Familie Grace ſind gänzlich, ſo wie die Ländereyen des Prinzen von Scylla, verwüſtet. In der Stadt Oppido ſollen von 6000 Einwohnern nicht mehr als 47 am Leben geblieben ſeyn. Satriano ſoll ſo ſtark nicht gelitten haben, auch der Fürſt und die Fürſtin ſollen mit dem Leben davon gekommen ſeyn. Alle Weſtungen in Calabrien ſind zertrümmert, die Spitze vom Torre di Faro iſt in die Tiefe des Meers verſenkt, auch die Stadt Pizzo ganz vom Meer verſchlungen, ſo daß man nicht einmal den Ort mehr ſieht, wo ſie geſtanden hat. Die berühmte und reiche Stadt Reggio iſt nicht mehr, der Fluß Petrace, der Calabrien durchſtrömt, iſt vom Briefkurier ganz trocken gefunden worden, ſo daß er trocknen Fußes durch ihn gehen konnte, ungeachtet man zuvor mit Barken über denſelben ſetzen mußte.

Noch weiß man nicht, ob das Waſſer deſſelben gegenwärtig in einen ſich eröffnenden Abgrund ſtürzt, oder ob es ſeine Quelle und ſeinen Lauf verändert habe. In verſchiedenen Gegenden ſind feuerſpeyende Berge entſtanden, welche Flammen und einen abſcheulich ſtinkenden Schwefelgeruch auswarfen. Gedachter Kurier meldet überdieß, daß bis auf den 10. dies das Erdbeben angehalten, und daß immer mehr beſchädigte Häuſer zuſammen fallen.

Noch weiß man nicht, wie groß in Meſſina die Anzahl der Umgekommenen ſeye, man hält ſie aber für ſehr groß. Nur weiß man, daß der Erzbiſchof mit allen Alumnen des Semi-
nariums

wärtig damit beschäftigt, Mittel ausfindig zu machen, wodurch künftig den schädlichen Folgen der zerstörenden Erdbeben Einhalt geschehen könne. Weite Straßen, niedrige und etwas zurückhängende Häuser werden wohl die Hauptstücke im künftigen Plane der Wiederaufbauung seyn, und man wird, wenn solche, wie ich hoffe, Statt findet, gewiß nichts sparen,

narium, nach dem ersten Stoße nach Melazzo 24 Meilen von Messina sich in Sicherheit begeben habe. Auch die Collegialen begaben sich an dem nämlichen Morgen mit den Patri Scologi alle auf das Feld und Abends kehrte nur der Vater Rektor mit einem Laien in das Kloster zurück, und wurden in der Nacht unter den Ruinen begraben. Sobald aber besagte Paters vom Unglück der Stadt hörten; so schickten sie den folgenden Morgen in die Stadt, um zu vernehmen, was aus den beyden Personen geworden wäre. Wirklich fand man sie unter den Ruinen noch lebend, zog sie, wie wohl mit Mühe, hervor und brachte sie an einen sichern Ort. In der Citadelle kamen von den Soldaten nur 40 Mann um. Alle Schiffe und Barken, so im Hafen waren, wurden bald von Menschen voll, ein anderer Theil der Einwohner flohe aufs Feld. Weil der Jahreszeit halber in den Kaminen Feuer war; so entstand beym Zusammenstürzen der Häuser an mehreren Orten der Stadt Messina Feuer, welches durch den heftigen Wind sich ausbreitete, und die allgemeine Verwüstung und Unglück vergrößerte, weswegen man auch von der Festung mit Kanonen in die Gegenden schoß, wo das Feuer um sich griff. Die Leichname, so von den Flammen verschont geblieben, werden aus Mangel der Kirchen und Priester auf dem Felde begraben. Noch ist das Meer im Bezirk von fünf und zwanzig Meilen tobend und ungestüm, so daß nicht einmal die Schiffe, welche jenen unglücklichen Gegenden zu Hülfe geschickt worden sind, ohne Gefahr sich nähern können. Die Städte, Landgüter und Ortschaften, die am meisten bekannt sind, und von denen man bisher weiß, daß sie untergegangen sind, sind folgende: Messina, Stato di Onofrio, Stefanacone, Briatico,

ren, was zur Sicherheit, und zur Bequemlichkeit eines so guten Handelsplatzes erforderlich ist. So treulos unser Erdboden ist; so wichtig ist es dennoch für die Regierung, ihn durch Anwendung der möglichsten Vorsicht und Klugheit, und eines angestrengten Kunstfleißes zu befestigen und bewohnbar zu erhalten. Das ist alles, mein lieber Herzog, was ich Ihnen gegenwärtig über diesen Gegenstand melden kann ꝛc.„

Palermo, den 23. Oktob. 1783.

lico, Messana, Formika, Filogaro, Stato di Girace, Ginopoli, Casual Nuovo, Bagnara, Rosarno, Palmi, Seminara, Stilla, St. Georgio, Cinque Frondi, Pelistina, Mileto, Soliano, St. Bruno, Stillo, Regaia, Rocella, Pizo e Casali, Tropea e Casali, Squilace, Montekone. —

Das jenseitige Calabrien begreift 375 Städte und Dorfschaften, von diesen sind 320 fast alle gänzlich zernichtet. Die Fürstin Gerace Grimaldi, welche sich in Castel Nuovo, ihrem Lehen befand, ist unter den Ruinen der Stadt mit ihrer ganzen Familie und ihrem Hausgesinde begraben, und alle sind darauf unter den nämlichen Ruinen, durch die sich entzündeten Vulkane zu Asche verbrannt worden, alle benachbarte Lehen ihres Hauses sind zerstört und der Erde gleich gemacht. Der Fürst von Scilla, welcher sich in der Stadt Scilla befand, rettete sich bey der ersten Erschütterung aus den Ruinen der Stadt, welche ganz einstürzte, auf einem Fahrzeuge ins Meer; aber bey einem der wiederholten Stöße schlug das Fahrzeug um, und er ertrank. Der Fürst d'Arkase, welcher in der Provinz 7 Lehen hatte, hat nur eines erhalten, nämlich San Giorgio. Kurz, der König, alle Barone des Reichs und die Kaufleute von Calabrien haben fast alles verlohren, weil außen den vielen umgekommenen Menschen, die theils von den Ruinen erschlagen, theils von den überall in den zerstörten Städten ausgebrochenen Flammen zu Asche verbrannt worden sind, die Vestungswerke in Calabrien alle, wie geschleift, sind.

Wir reisten am 2. May 1778 Mittags von **Reggio** ab, hatten gutes Wetter, und erblickten nach Verlauf von anderthalb Stunden den **Leuchtthurm** auf einer Höhe, welche ungefähr die Hälfte des Wegs durch die Meerenge auszumachen scheint. Zwo Meilen von Messina entdeckt sich diese Stadt dem Auge auf die vortheilhafteste Art, es zeigen sich

Neapel, den —— ——

So hat die Natur denn wieder eine der großen Revolutionen vollbracht! wir Zeitgenossen denken noch! mit Schauer an die verschlingenden Abgründe zu Lisabon und Gualtimala von 1755 und 1775. Allein dieses waren gelinde Züchtigungen der allmächtigen Vorsicht. Wer Sizilien, das Eiland der Fruchtbarkeit, jemals bewunderte und liebte, wer vor, oder auf seinem hohen Aetna, wie **Brydone**, in Erstaunen und Anbetung zerfloß, der kühle mit seinen Thränen ein Sandkörnchen des zerstörten Landes! Verheert ist das Gefield um Messina! die Stadt so voll blühenden Volks ist nicht mehr! und das segenreiche Calabrien macht nun als eine verödete Sandwüste die traurige Grenze des jammernden Welschlandes! der 5. Hornung war der Tag der Heimsuchung, da — ein Erdbeben Messina umstürzte, und 13,000 seiner Einwohner in den empörten Schooß der Erde vergrub; die Wehen der Muttererde dauerten fort, und **Reggio** und **Sciglio** — (wo einst die unkundigen Seefahrer so ängstlich von Scylla und Charybdis abwärts ruderten: ach! und mehr als hundert Städte und Dörfer liegen in Schutt und Grauß danieder! Gerechter Gott im Himmel und auf Erden! Und die Menschen darin, und das Vieh sammt allen Herrlichkeiten!!! — du Menschenkind mache eine Wehklage über Messina und die Gegend umher, wo Pythagoras, Zeleukus, Hiero, Hannibal, Sarazenen, Normänner und die Sizilischen Vesperläuter so verschiedene Rollen spielten! —

Die Bittschrift des Magistrats zu Messina an den König ist folgenden wichtigen Inhalts:

Sire!

sich nämlich jene großen Amphitheatralischen Gebäude, und geben einen Anblick, der demjenigen vollkommen gleicht, den uns Poussin und einige andere große Geschichtmaler durch Darstellung reicher und mit kostbaren Gebäuden gezierter Städte im Hintergrund ihrer Gemälde gegeben haben. Wir schifften gegen den Leuchtthurm zu, bey welchem jene von den Alten

Sire!

Das tragische und jammervolle Schauspiel, welches seit dem 5. dieses um halb 19 Uhr bis zu dem Augenblicke fortdauert, da dieser unterthänigste Senat mit Thränen in den Augen solches Ewr. Majestät mit Umgehung der vorgeschriebenen Formalität, es durch die Hände des Vicekönigs vor den Thron zu bringen, anzeigt, muß ganz gewiß das königliche Herz Ewr. Maj. mit bitterm Schmerz erfüllen; denn diese unglückliche Stadt ist durch göttliche Fügung durch die schrecklichen, nie erhörten Erdbeben, welche um bemeldete Stunde ihren Anfang nahmen und seitdem sich alle Viertelstunden wieder einstellten, in einen Steinhaufen verwandelt; alle Gebäude, ohne Ausnahme, sind niedergestürzt, zerstört und zu Grunde gerichtet, worunter der königliche Pallast, der Pallast des Erzbischoffs, das ganze Theater am Meer, die Leibhäuser, das große Spital, die beyden königlichen Convikte, die Mutterkirche mit ihrem großen Glockenthurme; kurz alle Gebäude und auch die Klöster und Konvente befindlich sind, die die bestürzten und zerkreut umherirrenden Mönche verlassen haben, und mit dem übrigen, in dem Augenblick des ersten schrecklichen Erdbebens fast durch ein Wunder dem Untergang entronnenen Volke einen Ort der Zuflucht zur Lebensrettung suchen. Und — o Sire! welch jämmerlich trauriges Schauspiel ist es, den größten Theil der Bürger entweder getödtet, oder noch halblebend unter den eingestürzten Gebäuden zu sehen, ohne ihnen aus Mangel an Maurern oder andern in dergleichen Zufällen dienstleistenden Personen, Hülfe bringen zu können; das Heulen, Schreyen, Wehklagen und Seufzen, welches von allen Seiten her ertönte, drang allen empfindlicher,

als

Alten so gefürchtete, und zuweilen noch jezt sehr gefährliche Stelle ist, nämlich die Charybdis, die wir inzwischen, fast ohne sie wahrzunehmen, zurücklegten, ausgenommen, daß unsere Barke eine leichte Erschütterung erhielt. Die Würkung dieses Schlundes ist hauptsächlich dann fühlbar, wenn sich die Passatwinde aus Norden und Süden einander begegnen,
die

als die härteste Folter durch die Seele, weil keine Hülfe verschaft werden konnte. Zu einem so jammervollen schrecklichen Anblick kam noch ein anderer, nämlich der, daß man die Ruinen der eingestürzten Palläste und Häuser der Stadt in Brand gerathen sah, weil das erste Erdbeben zu der Zeit, als die Leute Mittags zu essen im Begrif waren, erfolgte, und daher überall in den Küchen Feuer brannte. Der Vicekönig unterließ zwar nicht, mit seinen Truppen herbeyzueilen, aber ganz vergebens, weil aus Mangel an Handwerksleuten und Löschwerkzeugen, es unmöglich war, das Feuer zu löschen und ohngeachtet der wiederholten und so vielen von der königlichen Fregatte geschehenen Kanonenschüsse, muste man das Feuer doch hartnäckig immer weiter laufen, und die Ueberbleibsel einer Stadt vollends in die Asche legen sehen, welche vor Zeiten der Ruhm der Fürsten und die blühendste des Königreichs war. Zu so großen vereinten Unfällen, o Sire! kamen noch unendlich andere, welche keine Feder beschreiben, oder ausdrücken kann. Die Kornhäuser der Stadt giengen mit zu Grunde, und daher fehlte es an dem nöthigen Unterhalt des Brods. Der Senat suchte zwar schleunig und bestmöglichst durch Anstalten der im Hafen mit Getreide beladen liegenden Schiffe zu helfen; allein, Sire! wie konnte das Getreide in Brod verwandelt werden, da die Gebäude und zu solchem Ende nöthigen Geräthe unter dem Schutt lagen, und die Bäcker selbst entweder umgekommen waren, oder die Flucht genommen hatten. Da der Lauf der Wasser sich verändert hat; so sind die öffentlichen Bramen ausgeblieben, und es ist daher Mangel an einem so nothwendigen Element; die Mühlen sind nicht mehr im Stande, das Getreide zu mahlen; mit einem
Worte

die Wogen schwellen, und dadurch gefährliche Wirbel verursachen. Dies nennen die Seefahrer der Meerenge la Scala del Corrente. Der Ort, wo man hier am meisten zu befürchten hat, ist, wie uns unsere Schiffer versicherten, sehr nahe bey dem Hafen Messina's, nur zwanzig bis dreyßig Toisen von Fort San Salvador, das den Eingang

D 5 des

Worte, so groß war die Verirrung bey dieser traurigen Begebenheit, daß das übriggebliebene Volk ganz außer sich, bitterlich weinte und schrie, einige nach Brod, andere um ihre Kleider, diese um ihre Habseligkeiten, jene um ihre Anverwandten. Obgleich die Gerichte der königlichen Azienda und Udienza allen Eifer und Fleiß anwandten, um Diebstahl zu verhüten; so fehlte es doch nicht an bösen und gottlosen, die Strafe so wenig achtenden Leuten, daß nicht nur die Häuser der Particuliers, sondern auch die öffentlichen Gebäude und die Leihhäuser geplündert wurden. Nichts als der mächtigste Arm Ewr. Maj. kann wider die Reihe so vieler Unglücksfälle und Widerwärtigkeiten Mittel schaffen, um diese Stadt, welche noch im Stande ist, wieder hergestellt zu werden, wieder ins Leben zu bringen. Der Senat bittet Ew. Maj. um schleunige Hülfe an Geld und Leuten, um die mit Schutt und Leichnamen ganz angefüllten Straßen wieder gangbar zu machen. Er bittet nicht minder um Hülfe an Lebensmitteln aller Art zum Unterhalt der auf den Feldern zerstreuten Einwohner, damit sie nicht des Lebens beraubt werden, oder genöthigt seyn, anderwärts hinzuflüchten, zum nachherigen großen Nachtheil Ihres königlichen Aerarii, dessen Gefälle sowohl an Zöllen, als an Accisen vorjetzt aufhören müssen. Kurz, er fleht um alle nöthige Hülfe, um Bäcker und Handwerksleute, damit nicht nur die Bäckereyen wieder in ordentlichen Gang gebracht, sondern auch die Paläste und Wohnungen der Bürger wieder hergestellt werden können. —

Zur Vervollständigung dieser Nachrichten wird es nöthig, hier in gedrängter Kürze nur dasjenige von den Bemerkungen, die

des Hafens schließt. Gerade dort befindet sich der Schlund des Charybdis, den man zu Messina *il Garofalo* nennt. Haben die Barken das Unglück dort sitzen zu bleiben, und sich in den Strudel zu verwickeln; so bleibt ihnen dann kein anderes Mittel übrig, als durch die Gewalt der Ruder Land zu gewinnen zu trachten; gelänge ihnen dieses nicht, so liefen

die ein neuerer Reisender, nämlich Herr Bartels im 2. Theil seiner Briefe über Calabrien und Sizilien im 14. Brief über diesen Gegenstand niederschrieb, beyzufügen, was noch nicht in dem Vorgesagten enthalten ist.

Auch er sah mit Thränen im Auge die Schutthaufen dieser schönen Stadt im Oktober des Jahrs 1786; sie war damals noch nicht wieder hergestellt. Die schöne, ungefähr eine Millie längs dem Hafen hingelaufene Reihe von Palläßten, die Pallazata genannt, lag vor seinem Blicke in Trümmern. In der Stadt herrschte die größte Unthätigkeit, noch war nichts für Hinwegräumung des Schutts geschehen, Kirchen, Palläße, öffentliche Gebäude und Wohnhäuser lagen noch über einander, die Straßen waren Menschenleer, und nur hier und da sah man ein kleines Hüttchen, zur armseligen Bewohnung erbaut, zwischen den Ruinen hervorragen; in den besten Gassen aber lag noch einen Fuß hoch und drüber Staub, Sand und Schutt, der es beynah unmöglich machte, durch die Stadt zu gehen. Noch wohnte alles in Baracken, außer Messina auf der Höhe, und man versicherte ihm, daß die Einwohner, nun einmal gegen Nässe und Kälte abgehärtet, diese gar nicht gerne wieder verlassen wollten. Das Meer verkündigte in Messina zuerst die kommenden Schrecken, man bemerkte einige Tage vorher eine ungewöhnliche Unordnung in Ebbe und Fluth, die Natur schien gleichsam von ihren Gesetzen losgerissen; und ohne bestimmte Regeln tobte das Meer bald wüthend daher, und brauste plötzlich hoch auf, als wollte es den Damm übersteigen und Messina verschlingen, bald legte es auf einmal unerwartet seine Wuth.

In

fen sie wirklich Gefahr an den Felsen zu scheitern. Wir empfanden glücklicherweise nichts von solchen Unfällen, und unsere ganze Ueberfahrt war in zwo Stunden vollendet, ohngeachtet man gewöhnlich von Reggio zwölf (italiänische) Meilen rechnet. Als wir die Charybdis zurückgelegt hatten, kamen wir unter dem Fort Salvador vorbey und landeten

außer=

In dem bekannten Meerstrudel Charybdis zeigten sich Wirbel, wie wir sie in unsern Tagen nicht mehr zu sehen gewohnt sind. Ganze Schaaren Fische verkündeten die Empörung im Innern des Meers, sie kamen auf die Oberfläche des Wassers, wo man sie sonst um diese Zeit nie sieht. Bey jedem hernach erfolgten Erdstoße waren sie immer die ersten Vorboten der einbrechenden Verwüstung. Bey dem Toben des Meers hörte man zugleich ein unterirdisches Getöse, dem Schalle ferner Donner gleich, welches ganze Tage durch langsam und schwach fortrollte, aber bey jedem Aufbrausen der See stärker wurde. Vom Anfang des Februars bis zum 5ten, dauerten diese Vorzeichen ohne Zerstörung fort, aber an diesem Tage fiel Messina gleich am Mittage in einer Stunde mit so vielen Städten Calabriens. Der Tag selbst war in der Stadt ein finsterer neblichter Tag, und durch die Nebel schien am hellen Mittage das Licht der Sonne schwach und blaß, wie Mondschein. Es war eine Stille in der Natur, die etwas schauervolles gehabt haben soll, man verglich sie einem schrecklichen fürchterlichen Warten, und wollte selbst bey Menschen an diesem Tage eine gewisse Trägheit, Erschlaffung und Unlust wahrgenommen haben. Endlich am Mittage hörte man ein Getöse von Calabrien herüber ertönen; es schien allmählig näher zu kommen, und das Meer empörte sich immer mehr; so rollte das Erdbeben fürchterlich und langsam in der Tiefe des Meers und auf den Wellen daher. Wie es endlich Messina's Ufer erreicht hatte, so war zuerst die schöne Pallazzada seiner Wuth ausgesetzt, und erst in der darauf folgenden schrecklichen Nacht, gerade um Mitternacht 12 Stunden nach dem ersten Stoß, wurde der größte und beste Theil der Stadt

gänz=

außerhalb der Porta Regale. Von hier aus erblickt man den schönsten Hafen, den die Natur zu bilden vermochte, den prächtigsten Damm, den eine Stadt Europens aufzuweisen hat, welcher seiner ganzen Länge nach mit einer fast ganz gleichförmigen Fassade geziert und von einer Menge Arkaden unterbrochen ist, die als eben so viele Thore und Eingänge in dahinablaufende Straßen dienen. Im Hintergrunde des Hafens

gänzlich zerstört: selbst die für unzerstörbar gehaltene 12 Fuß dicke Mauer der Zitadelle widerstand den Stößen nicht und diese Nacht raffte die mehresten Menschen weg. 7 Tage lang wüthete das Feuer ununterbrochen. Der König weinte, als er die Nachricht von diesem Unglück erhielt, er that alles, was er nur konnte, um es zu lindern, der Marchese di Regalmici erhielt die Stelle eines Vicario-Generale in Messina, und die vollkommenste Autorität, das Unglück mit thätiger Hülfe zu lindern. Eine Menge Lebensmittel, Arzeneyen, Aerzte und Chirurgen und überdies noch 85,000 Lire wurden ihm zur Disposition gegeben, er mußte die Armuth aufsuchen und unentgeldlich ihre dringendsten Bedürfnisse befriedigen. Schade nur, daß — wie dies leider! auch an andern Orten nicht selten der Fall ist! — die Unterbediente bey Vertheilung der Geschenke des Königs so großen Unterschleif zu Schulden brachten, dadurch Unmuth erregten, und die Dankbarkeit gegen die Wohlthaten des Regenten verminderten. Sie sollen sogar die Gaben der armen Bedrückten verkauft und sich Schätze gesammelt haben. Es war unter dem Vorsitz des Marchese di Regalmici ein neuer Gerichtshof oder Giunta errichtet, der hauptsächlich auf Heilung des Schadens bedacht war. Man versprach auch dem Handel mehr Leben, dem neuzuerbauenden Messina mehr Wohlstand zu geben; allein letztere Versicherungen blieben, ohngeachtet ihre Verwirklichung des Königes ernster Wille ist, bisher unerfüllt, und man will die Ursache hievon darin finden, weil Palermo die Nebenbuhlerin Messina's ist, und, weil der große Adel die Vortheile des Handels allein zu genießen wünscht.

Hafens ist der Pallast des Vicekönigs, den der Stadthalter bewohnt, und vor dessen Pforte die königlichen Schiffe zu ankern pflegen. Nicht ferne von diesem Pallast befindet sich ein bedeckter Spaziergang, den man eine Seltenheit dieses Landes nennen könnte, weil er vielleicht der einzige ist, den man im Königreich Neapel antrifft, wo indessen ein wenig Schatten immer weit angenehmer und erquickender, als irgend wo anders wäre. Durch diesen Spaziergang gelangt man zu einer prächtigen Zitadelle, welche ganz regelmäßig erbaut ist, und ihrer Lage nach die Stadt und den Hafen bestreicht, gegen die die Hauptbatterien gerichtet zu seyn scheinen. *)

Von dieser Vestung aus lauft die Erdzunge, die den Hafen Messina's so vortheilhaft bildet und begrenzt. Sie ist ein Werk der Natur, von welchem man sagen kann, daß es der geschickteste Ingenieur nicht besser hätte anlegen können. Diese Einfassung des Hafens, die man il Braccio di San Ranieri nennt, ist ungefähr 800 Schritte lang und höchstens 100 Schritte breit. Im innern der Erdzunge hat man von einem Ende derselben, bis zum andern einen unterirdischen bedeckten Weg angebracht, welcher mit der Zitadelle in Verbindung steht. **)

Der

*) Sie ist zu Karls V. Zeiten vom Grafen di San Stefano erbaut, und macht den Hafen unüberwindlich. Dies erfuhren im Successionskriege die Spänier, die sie nicht bezwingen konnten, bis sie solche nach einer achtmonatlichen Belagerung aushungerten. Den Zerrüttungen der Natur widerstand sie inzwischen, wie die vorstehende Anmerkung beweißt, in dem Erdbeben vom Jahr 1783 doch nicht gänzlich.

**) Es ist schon in der Einleitung gesagt worden, daß die Griechen dieses Vorgebürg, oder diese Erdzunge Zancle, oder Sichel nennten.

Der Hafen von Messina wird noch von zwey andern Kastellen vertheidigt, nämlich von dem sogenannten Laternenthurm am Kanal der Küste Calabriens vor **Reggio**, und von dem Kastell San Salvador am Eingang des Hafens selbst; allein seine beste Vertheidigung, wodurch er vor Bombardement gesichert ist, bleibt doch immer dieses, daß die Rhede außerhalb der Kanonenweite und im größten Theil der Meerenge, mehr als 200 Klafter tief ist, und daß die Ströme daselbst unschiffbar sind; so daß die Natur bis auf die zween Strudel der Charybdis und der Scylla alles vereiniget zu haben scheint, um diesem Hafen Schutz und Sicherheit zu geben, weil er der geräumigste und schönste im ganzen Mittelmeer ist.

Man hält ihn für fünf Meilen weit und seinen Eingang 70 Stab oder ungefähr 80 Toisen breit. *) Uebrigens ist der Hafen von Messina an allen Orten von solcher Tiefe, daß die größten Schiffe so viel Wasser finden, als sie nöthig haben, um, so wie zu **Marseille**, bis zum Kaufmannsthor zu kommen. **)

Die

---

ten, und die Ursache davon war, weil sie dichteten, die Sichel des Saturn sey auf diesen Fleck gefallen und habe ihm diese Gestalt gegeben. Die Lateiner, weniger in die Fabel verliebt, änderten den Namen in Messina um (von Messis, die Aerndte) wegen der Fruchtbarkeit seiner Felder. S. Brydone's Reise durch Sizilien ꝛc. 1. Th. Brief 3.

*) Der Stab (la Canna) von Messina hält 6 Fuß 4 Zoll und einen Strich, er theilt sich in 9 Palmen, und die Palme hat 9 Zoll 6 Striche ¼.

**) Es giebt sogar gegen die Mitte des Hafens zu Stellen, die 40 bis 59 Klafter oder 250 Fuß tief sind; diese pflegen aber die

See-

Die Schiffe liegen daselbst zu jeder Jahrszeit in größter Sicherheit, und können, wenn sie an der Mündung laviren, mit allen Winden ein und auslaufen; welches etwas eigenthümliches dieses Hafens ist. Der einzige widrige Wind, vor dem man sich vorsehen muß, ist der sogenannte Greco, ein Wind, welcher aus Nord-Nord-Ost weht, aber auch dieser ist sehr selten.

Dieser Hafen bot vor dem Erdbeben jedem Reisenden einen außerordentlich edlen und prachtvollen Anblick dar, einen Anblick, der gewiß in keiner andern Stadt von Europa zu finden ist. Rings um eine unermeßliche Rhede lief eine Fassade von den schönsten Gebäuden, die einst der Vicekönig von Sizilien Prinz Philibert Emanuel von Savoien im Jahr 1662 hatte aufführen lassen. Dieser Fürst verwendete beträchtliche Summen auf die Erbauung jener Reyhe von Häusern, welche aus Marmor und weisen Syrakusaner Steinen bestand; und ehmals unter dem Namen der Palazzata oder des Teatro bekannt war. In der Mitte des Platzes vor dieser Fassade stand, und steht noch gegenwärtig, ein bey der allgemeinen Verheerung unbeschädigt gebliebenes Wasserwerk, welches auf einem sehr erhabenen Fußgestell die Bildsäule des Neptun trägt. Der Gott hält in der einen Hand den Dreyzack und scheint mit der andern den beyden Ungeheuren der Charybdis und der Scylla Befehle ertheilen

Seeleute zu meiden, weil die Anker dort zu wenig Haltung haben würden; sie ankern viel lieber so nahe, als es immer möglich ist, am Damm oder beym Lazareth; weil sich dort sehr feine Sandhaufen befinden, in denen das Schiff sanft sitzen bleibt und fest gehalten wird, so daß man es zu allen Zeiten nur mit einem bloßen Kabeltau an der Erde zu befestigen nöthig hat.

theilen zu wollen. Am Fuß des Gestells sind verschiedene Gruppen von Seepferden und Tritonen, voll Feuer und Leben, und aus allen diesen Figuren springt Wasser in viele Becken, welche rings umher angebracht sind. Das ganze Kunstwasserwerk ist, einige kleine Unregelmäßigkeiten abgerechnet, von vortrefflicher Arbeit.

Dieser Theil von Messina war unstreitig seiner Lage wegen ehmals der lebhafteste und angenehmste der Stadt, und nach der Volksmenge, die man stets daselbst in Thätigkeit und in so verschiedenen Gruppen antraf, sollte man urtheilen, daß Messina sehr volkreich und ein großer Handelsplatz gewesen seyn müsse. Auch ist es gewiß, daß der Vortheil der Lage, der Umfang und die Sicherheit des Hafens sie zu einem der ersten Handelsplätze hätten erheben können; so wie es bekannt ist, daß es ehmals Palermo den Rang streitig machte. Allein man weiß auch, daß im Jahr 1743 die Pest die Stadt fast gänzlich entvölkerte, indem sie in einem Zeitraum von 6 Monaten mehr als 70,000 Menschen wegraffte. Seit dieser schrecklichen Epoche blieb die Stadt Messina stets sehr wenig bevölkert, und die so eben beschriebene prachtvolle Fassade war, als der Zeitpunkt ihrer gänzlichen Zerstörung nahte, fast ganz unbewohnt.

Beschreibung der alten Kathedralkirche und des Vorplatzes derselben.

Messina glich nicht jener Menge von andern Städten Italiens, die von außen sehr schön zu seyn scheinen, inwendig aber arm und schmutzig sind; diese prachtvolle Stadt erregte

Der Thurm und das Portal der alten Hauptkirche zu Meissen und der vor der kirche befindlich gewesene Platz.

erregte vielmehr durch ihre edle und erhabne Bauart Bewunderung. Schöne Straßen und Plätze, große und kostbare Gebäude und Kirchen, ehrne Statuen zu Fuß und zu Pferd und angenehme Wasserwerke von Marmor, zogen die Aufmerksamkeit des Reisenden auf sich. Man muß zwar nicht glauben, als ob diese Gegenstände der Kunst dem Kennerauge nicht mancherley Fehler und Unregelmäßigkeiten dargestellt hätten, aber ihre Würkung blieb demohngeachtet für die Verschönerung der Stadt im Ganzen genommen, sehr vortheilhaft.

Die Hauptkirche war ein Werk des Grafen Roger. Ihr Inneres war prachtvoll und sogar im Ganzen von einem ziemlich guten Gothischen Geschmack, ausgenommen die äussere Fassade, die durch die kleinen zirkelförmigen Pyramiden und ihre Kanten, jenes Schnirkelwerk, womit das barbarische Zeitalter der Gothischen Baukunst alle Gebäude überlud, ziemlich verunstaltet war. Der innere Theil dieses Doms trug eine verschwenderische Menge von Verzierungen, die man sonst wohl nirgends fand. Antike Granitsäulen unterstüzten alle Gewölber und Gesimse der Kirche, und man versicherte uns, diese wären einst auf dem Grundgebäude eines alten heidnischen Tempels gestanden. Ein artiges Wasserwerk, mit springenden Wassern versehen, und die Bildsäule Königs Karl II. von Spanien zu Pferde, waren nicht die geringsten Zierden des Platzes vor dem Dom. Die Bildsäule ist von Erz und stand auf einem Fußgestell, welches mit Basreliefs, Statuen und marmornem Gitterwerk umgeben war, woran man zwar eben keine kunstvolle Anwendung auf das Ganze, keinen erhabnen Styl zu bewundern fand, welches aber doch auf den ersten Anblick das Auge ange-

angenehm überraschte. Die Schutzheilige der Hauptkirche war die heilige Jungfrau unter der Benennung Madonna della Lettera. Eine sehr alte Sage hatte zu dieser sonderbaren Benennung den Anlaß gegeben, und die Geschichte dieser Legende befand sich an dem Hochaltar in erhabner Arbeit von massivem Gold und Silber verewigt; welche — wie man versichert — wegen ihres großen Werths und wegen ihrer Kunst, Bewunderung erregte. Der heilige Paulus soll nämlich in den ersten Jahren der christlichen Kirche zu Tauromenium gepredigt haben, von welchem nahe bey Messina gelegenen Orte, sich sein Ruhm bis in diese Stadt verbreitete. Verschiedene Messineser kamen daher, ihn zu hören, und wurden sehr bald von der Wahrheit seiner Lehre überzeugt. Diese erhielten in kurzer Zeit neue Schüler, und die Zahl der Proselyten, die sehr ansehnlich wurde, beschloß, sich unter den unmittelbaren Schutz der heiligen Jungfrau zu begeben. Sie sandten daher Abgeordnete, um ihr diesen Entschluß zu hinterbringen, und ob man wohl nicht zuverlässig weiß, ob sie diese Gesandtschaft mit einem Bittschreiben begleiteten, so versichert man doch, die Jungfrau Maria habe ihnen in einem sehr verbindlichen Schreiben ihren Schutz zugesagt, und darin geäußert, daß sie von ihrer angelegentlichen Vertretung bey ihrem Sohne überzeugt seyn könnten. Sie würdigte sie sogar, ihnen ein Geschenk von einigen ihrer Haupthaare zu senden, und die Abgesandte, mit diesem kostbaren Andenken versehen, brachten auch ihr Bildniß mit, welches das nämliche seyn soll, das noch auf dem Hochaltar prangt.

Der Pöbel, und was zu diesem gehört, versichert nun auf das bündigste, das Original dieses Briefs sey noch vorhanhanden, und werde im Tabernakel der Kirche aufbewahrt. Die Locke der heiligen Jungfrau selbst wurde in einer kryftallenen Kapsel aufbehalten und bey großen Festen, vorzüglich aber bey öffentlichen allgemeinen Unglücksfällen mit größter Feyerlichkeit öffentlich ausgesezt. Die Ehrfurcht vor dieser kostbaren Reliquie, die man zu Messina *il sacro Capello* nannte, war so groß, daß niemand, als die Chorherrn der Hauptkirche das Recht hatten, sie zu berühren und auf den Schultern zu tragen, wobey sie im festlichen Gewande erscheinen mußten. Das Gefäß oder die Flasche von Crystal, worin die Locke verschlossen war, stand auf einer mit Blumen und andern Zierraten ausgeschmückten und mit einer sehr reichen goldnen Krone als Aufsatz versehenen Erhöhung. Die Krone diente dazu, um die Flasche über dem Hochaltar in der Luft frey zu halten. Ein Faden, den man nicht sah, war nämlich an selbiger und an dem Gewölb der Kirche festgemacht, und an ihm hieng die Reliquie, wenn sie der Verehrung der Sterblichen öffentlich ausgestellt war.

Unter den vielen Verzierungen der Hauptkirche zeichnete sich vorzüglich ein Weihkessel aus, dessen Form und Figuren sehr geschmackvoll waren, und wenn dieses Kunststück nicht wirklich eine Antike war, so glich es doch den Werken der Alten vollkommen. Man bemerkte auch in der nämlichen Kirche einen Predigtstuhl mit Marmor umgeben, und von einem Sizilianischen Bildhauer aus dem 16ten Jahrhundert sehr geschmackvoll ausgegraben.

Am Hauptaltar selbst sah man keine solche vollkommene Arbeit, dieser war, seiner Kostbarkeit ungeachtet, ein Meisterstück üblen Geschmacks. Es ist in Sizilien Sitte, die Ausschmückungen der Altäre sehr weit zu treiben, und alle mögliche Nebenverzierungen in so weitem Umfang anzubringen, daß sie fast die ganzen Seitenwände der Kirche bedecken und bis an das Gewölbe laufen. Man sieht daselbst Gold, Silber, Spiegelglaß, Marmor, bunte Steine, alles so aufgehängt, daß es mancherley Gestalten von Menschen, Thieren, Früchten und Blumen nach der Natur vorstellt; auch frische Blumensträuße und eine ungeheure Menge von Waxkerzen. Dieser Altar verdient übrigens wegen der mosaischen Arbeiten bemerkt zu werden, sie sind nach dem Geschmack der Florentinischen, und bestehen aus sehr mühsam zusammen gefügten geschnittenen harten Steinen von der seltensten Auswahl, nur ist es Schade, daß man für solche kostbare Werke nicht die besten Risse gewählt hat. *)

Der Pallast des Vicekönigs, und der königliche Platz vor diesem Gebäude.

Der Pallast, den die ehmaligen Vicekönige zu Messina bewohnten, war am äußersten Ende der prächtigen Fassade, *il Teatro* genannt. Er lag am Seeufer in einer der schönsten und angenehmsten Gegenden, man konnte da die ganze Küste

---

*) Acht Säulen von Lapis Lazuli, welche drey Fuß hoch sind und das Tabernakel trugen, sind vorzüglich bemerkenswerth. Die Kathedralkirche hat nach der Erzählung Herrn Bartels im 15. Brief, bey dem Erdbeben sehr gelitten, und man war bey seinem Daseyn eben beschäftigt, sie von Holz wieder zu bauen, überhaupt werden die Kirchen auf königliche Kosten wieder hergestellt. Wahrscheinlich war diese Kirche auf den Ruinen eines alten Tempels erbaut, denn man fand eine große Menge Marmor

Küste auf der Morgenseite Siziliens übersehen; man sah den Kanal, sah Reggio und das äußerste Ende von der Küste Calabriens.

Garcias von Toledo, Vicekönig von Sizilien, legte den Grund dazu. Die Ueberbleibsel dieses Gebäudes zeugten von einer geschickten und erhabenen Bauart und sogar von einem ziemlich guten Geschmack der Kunst. Allein der Pallast selbst ist nie ganz vollendet worden, und es scheint, wenn man nach den ersten Grundsteinen schließen darf, die dieser Fürst legen ließ, daß ein Plan von weiterem Umfang dabey zum Grunde gelegen haben müsse, und daß das, was man jezt sieht, blos den vierten Theil des Ganzen hatte ausmachen sollen.

Auf der Abendseite vor einem der Haupt-Eingänge liegt ein ziemlich großer öffentlicher Platz, der die Aussicht auf die See gewährt. Die Mittagseite ist mit ganz neuem Gitterwerk von Steinen geziert, der Platz selbst aber übrigens mit unregelmäßig angelegten Gebäuden umgeben. Im Mittelpunkte

morstücke und andere architektonische Ueberbleibsel daselbst, besonders eine kleine Ara mit der Inschrift:

ΑΣΚΛΗΠΙΩ
ΚΑΙΥΓΕΙΑ
ϹΩΤΗΡϹΙΝ
ΠΟΛΙΟΥΧΟΙϹ

Nach dieser Inschrift zu rechnen, so wäre hier ein Tempel des Aesculaps und der Hygida gewesen; welches auch sehr wahrscheinlich ist, da diese Götter ehmals in Messina in großem Ansehen gestanden sind.

punkte desselben erblickt man auf einem sehr erhabenen Gestell die Bildsäule des Don Juan von Oestreich, eines natürlichen Sohns Kaiser Karls V. zu Fuß, die der Senat von Messina zum Andenken des von diesem Prinzen im Jahr 1571 bey Lepanto über die Türken erhaltenen Siegs errichten ließ.

Man findet zu Messina mehrere öffentliche Plätze; allein keinen, der regelmäßig angelegt und wegen der Bauart merkwürdig wäre; obschon die Stadt im Ganzen genommen ziemlich gut gebaut ist, und sogar viele Palläste und ansehnliche Privathäuser hat, bey deren Anblick man auf eine reiche und mit wohlhabenden Bewohnern besezte Stadt schließen sollte. Aber seit der schrecklichen Pestseuche vom Jahr 1743 blieben, wie schon oben bemerkt worden ist, mehrere von den entfernten Stadtvierteln fast ganz von Einwohnern verlassen. Die Manns- und Nonnenklöster werden sehr gut unterhalten, die Kirchen inwendig reichlich ausgeschmückt. Der Geschmack, die Säulen und Mauern der Kirchen mit eingelegter Arbeit und Verkleidung von Marmor von so verschiedenen Farben zu versehen, daß man sie auf den ersten Anblick für buntfarbige Decken hält, ist zu Messina ziemlich allgemein, und wird durch den Ueberfluß an mancherley Marmorarten sehr befördert.

Die Kirche des heiligen Nikolaus ist nach einem bessern Geschmack gebaut; aber vorzügliche Aufmerksamkeit verdiente die Kirche des heiligen Gregorius, welche zwar sehr mit Vergoldung und jenen eingelegten Marmorarbeiten überladen ist, dennoch aber viele gute Gemälde und besonders eine sehr schöne Kopie des heiligen Gregors, von Caraccio, besizt, wovon das Original zu Bologna befindlich ist.

Was

Was die Alterthümer und Denkmäler anlangt; so wird man nicht leicht eine Stadt in Sizilien antreffen, die davon weniger besizt, als Messina, und man darf beynahe noch jezt mit Cicero die schönen griechischen Bildsäulen bedauern, welche Verres einst daselbst wegnahm. *)

Die Citadelle.

Eines der Hauptgebäude von Messina, welches nach den neuern Nachrichten, die wir erhalten haben, am wenigsten vom Erdbeben beschädigt worden seyn soll, ist die Citadelle, ein ziemlich regelmäßig angelegtes Werk, wovon wir schon am Anfang dieses Kapitels gesprochen haben, und welche sowohl den Hafen, als die Stadt bestreicht.

Diese Vestung ist fast von allen Seiten mit Meer umgeben, und wird noch überdies von außen durch die Ca-

ryb-

---

*) In der Schilderung des römischen Redners von den vielen Räubereyen, die sich dieser Prätor zu Schulden kommen ließ, erzählt er vorzüglich von den Reichthümern, die ein gewisser C. Heius von dieser Gattung besaß, dessen Haus für eine Zierde der Stadt Messina gehalten wurde, und dem Verres alles wegnahm, was er an Statuen und kostbaren Tapetten bey ihm fand. Heius besaß in seiner Hauskapelle (Sacravio) mehrere Statuen, Altäre und andere kostbare Dinge, welche er von seinen Ahnen ererbt hatte, und von denen Cicero vier Bildsäulen von der seltensten Schönheit, welche von den ersten Bildhauern Griechenlands herrühren, namentlich aufführt. Sie waren, unter andern ein Cupido von Marmor von der Hand des Praxiteles, ein Herkules, von dem berühmten Myron und zwo andere prächtige Statuen von Polyklet, welche zwo Jungfrauen vorstellten, die Gefäße oder Blumenkörbe zu einem Opfer trugen. Man nannte sie Canephoras.

Cicero in Verrem. Lib. IV.

rybdis vertheidigt. Zween Umstände, die sie in den Stand
setzen würden, eine lange Belagerung auszuhalten, zumal
da sie von keinem Platz auf dem festen Lande bestrichen werden kann.

Man kann dieses Denkmal der Spanischen Macht und
Vorsicht nicht betrachten, ohne sich dabey an die Umstände
zu erinnern, die zu dessen Erbauung Anlaß gegeben haben,
und um hauptsächlich die Beobachtung zu machen, daß diese
Vestung mehr die Absicht haben sollte, die Stadt im Respekt
zu erhalten, als ihr zur Schutzwehre zu dienen. Ohne uns
inzwischen über eine so bekannte Thatsache, als die Ausfuhr
der Messineser zu Ende des vorigen Jahrhunderts war, zu
verbreiten, dessen nähere Umstände man in jedem Geschichtschreiber jener Epoche lesen kann, *) wollen wir nur dies einzige hier bemerken, daß eben diese Empörung mit Grund für
den ersten Anlaß zur Schwächung Messinas gehalten wird,
und man kann wirklich mit Recht behaupten, daß sie die
nachherigen Unglücksfälle, die den Ruin und die fast gänz-
liche Zerstörung der Stadt beförderten, so zu sagen herbey
gerufen habe.

Vor dieser Begebenheit war Messina eine der blühendsten Städte Italiens. Ihr Handel war unermeßlich, und
die Anzahl ihrer Einwohner überstieg die Zahl von hundert
und funfzigtausend Seelen. Aber der berührte Aufruhr, die
Belagerung, welche die Stadt mit einer Hartnäckigkeit aushielt,

---

*) Die Beschreibung dieses Aufruhrs findet man sehr ausführlich
in der allgemeinen Geschichte von Sizilien des M. de Burigni,
Mitglieds der Akademie der Inschriften und schönen Wissenschaften, im 2. Band, Seite 398 und folgenden.

hielt, die blos lange Unterdrückung einzuflößen fähig ist; die Schrecknisse des Hungers, welche davon die Folge waren, dies alles zusammen genommen, erschöpfte die Reichthümer Messina's und schwächte seine Bevölkerung. Die Stadt verlohr damals über ein Drittheil ihrer Bewohner, und die Kanäle der Handlung, welche während jener Zeit für Messina versiegten, eröffneten sich für Marseille, Genua, und Livorno.

Indessen schien die vortheilhafte Lage der Stadt, die Schönheit und Sicherheit ihres Hafens, eines der geräumigsten und bequemsten in Europa, der Kunstfleiß der Einwohner, kurz so viele günstige Umstände ihr die Rückkehr ihres vorigen Glanzes zu versprechen, als unvermuthet im Jahr 1743 die Pest ausbrach und alle diese schönen Hoffnungen wieder vereitelte. Achtzigtausend Seelen raffte diese Krankheit während eines kurzen Zeitraums von fünf Monaten hinweg; und die wenigen, welche dem Tode entgiengen, blieben, seitdem der Zielpunkt der schlechtesten Konstitution, die sich denken läßt, und einer Menge von tausend andern Mißbräuchen, wovon immer einer das Glück des Staats mehr zu untergraben fähig ist, als der andere.

Eine Stockung, die sich über alle Ernährungsquellen der Familien, über reiche und arme Bewohner der Stadt verbreitete, war die Folge jener Mißbräuche und einer elenden Staatsverwaltung. Der Adel und der wohlhabende Bürgerstand sahen ihre Einkünfte sich vermindern, entschlossen sich daher auch ihren Aufwand zu beschränken, und die Klasse der Kaufleute wurde dadurch zu Grunde gerichtet. Die Künstler und Handwerker, die nun gleichfalls dort keine Nah-

rung

rung mehr fanden, trugen ihren Kunstfleiß mit sich hinweg und bereicherten damit Katanen, Xaci und andere Städte im innern der Insel Sizilien. Kurz die Auswanderung wurde endlich so stark, daß man im Jahr 1781 bey der allgemeinen Zählung der Einwohner nicht mehr als fünf und zwanzig, bis sechs und zwanzigtausend Seelen fand, statt der vierzigtausend, die sich noch im Jahr 1778 daselbst befunden hatten.

Eine solche auffallende Ueberzeugung von der Volksverminderung der Stadt war aber auch erforderlich, um die Regierung von der Schlafsucht zu erwecken, worin sie bisher in Rücksicht auf das Wohl dieses wichtigen Platzes gelegen hatte. Man fieng endlich an, sich damit zu beschäftigen; der König von Neapel forderte Plane ab, ließ Berichte einziehen, und erklärte standhaft, Messina müsse wieder zu seinem ehmaligen Wohlstand emporgebracht werden, als das lezte unglückliche Ereugniß, das schreckliche Erdbeben einbrach, und alle jene wohlthätigen Absichten des Königs, so wie die weisen Vorschläge der Regierung, wenigstens auf eine Zeitlang vereitelte. *)

Der

---

*) Es scheint, daß der erste Plan, dessen Ausführung auch für das Wohl der Stadt Messina sehr zu wünschen wäre, dahin gieng, den Vicekönig, welcher seit ungefähr 25 Jahren zu Palermo residirte, zurückzurufen, und die Einrichtung zu treffen, daß er seinen Aufenthalt wechselsweise in Palermo und Messina nehmen müsse, so wie dies die ältern Gesetze des Landes erfordern.

Der Platz St. Johannes von Malta zu Messina.

Unter den verschiedenen öffentlichen Plätzen von Messina ist der ebengenannte einer der ansehnlichsten; und was ihn noch bemerkenswerther macht, ist, daß hier das berühmte Fest della sacra Lettera seinen Anfang nahm. Diese große Feyerlichkeit begann nämlich immer mit einem Kunstfeuerwerk, und mit der Beleuchtung einer Galeere, woran Pracht und Kunst verschwendet war. Man errichtete dieses kleine Schiff alle Jahre auf dem Becken der großen Fontäne, welche in der Mitte des Platzes steht. *).

Bey dieser Gelegenheit verdient auch ein anderes religiöses Schauspiel angezeigt zu werden, welches für die Einwohner Messina's sehr heilig war; nämlich die berühmte Varra, ein Fest, das jeder Reisende kennt, der sich eine Zeitlang in jener Stadt aufgehalten hat. Diese Feyerlichkeit behau-

---

*) Die Vorstellung dieser Galeere hat eine neue Gnadenbezeugung der heiligen Jungfrau zum Grunde. Man erzählt nämlich, es sey vor vielen Jahren zur Feyer dieses Festes ein außerordentlicher Zusammenfluß von Menschen zu Messina gewesen, welche sowohl aus ganz Sizilien, als auch aus Italien dahingekommen seyen; die Getraidemagazine wären leer gewesen, und man habe, als der Tag des Festes herannahte, kein Brod zu verschaffen gewußt. In dieser Noth habe man seine Zuflucht zu öffentlichen Gebeten genommen, und hierauf des Morgens mit Tagesanbruch drey Brigantinen mit vollen Segeln in den Hafen einlaufen sehen, welche eine große Menge Getraide am Bord gehabt hätten, das von den Schiffsherrn zum Verkauf angeboten worden sey. Natürlich wurde der Handel auf der Stelle mit diesen Leuten geschlossen, und das Getraide in die Magazine geschafft,

als

behauptete unter der Menge frommer Ausschweifungen des Messineser Volks bisher immer den Vorrang, und unsere Reisenden haben auch in ihrem Tagebuch eine ausführliche Beschreibung davon geliefert, die wir den Lesern hier wörtlich mittheilen wollen: „Nichts gleicht der Pracht und Hoheit, womit das Fest der Himmelfahrt Mariens zu Messina gefeyert wird. Dieses neue Fest, *Varra* genannt, soll, wie man versichert, zum Gedächtniß der Eroberung Messina's durch den Grafen Roger, als er sich ganz Sizilien unterwarf, gestiftet worden seyn. Diese Einnahme der Stadt geschah im August, und eine Folge davon war die Gefangennehmung des Fürsten Griffo und seiner Gemalin, dessen Schloß noch jetzt unter dem Namen Mata Griffone zum Theil vorhanden ist. Der Graf Roger hielt, wie man sagt, seinen Einzug an eben dem Tage auf einem Kamel, und soll, wie man behauptet, den Fürsten Griffo gezwungen haben, an der Pforte der Kirche bey den Ceremonien des Festes der Him-

als man aber den Verkäufern Zahlung leisten wollte, so waren weder sie, noch ihre Schiffe mehr zu finden. Niemand könnte zweifeln, daß dieses ein Geschenk des Himmels gewesen seyn müsse, und man ordnete neue Dankfeste für diese Wohlthat an. Der Senat ließ drey silberne Schiffe fertigen, und der heiligen Jungfrau widmen, und der Clerus von Messina gelobte eine jährliche Auflage auf alle Weltgeistliche zum jährlichen Bau einer Galeere, um selbige im Monat Junius auf die oben genannte Fontäne auf dem St. Johannesplatze zu setzen. Dieses Schiffchen, welches prachtvoll geschmückt, mit drey Kanonen, mit Segeln, Masten, Tackelwerk und kurz mit allem versehen ist, was zu dieser Gattung von Schiffen gehört, wurde fünf Tage nach einander herrlich erleuchtet, und am letzten Tag ein sehr schönes Kunstfeuerwerk darauf abgebrannt, welches die Ceremonie beschloß.

Himmelfahrt Mariens Dienste zu leisten. Diese Begebenheit wird daher jährlich auf folgende Art gefeyert. Man nimmt aus dem Kloster der St. Clara-Nonnen eine alte Kamelshaut, welches die Haut des nämlichen Kamels seyn soll, worauf Roger seinen Einzug hielt, befestigt daran einen unförmlich von Holz geschnitzten Kamelskopf, und die niedrige Volksklasse trägt diese lächerliche Vorstellungen durch alle Straßen der Stadt mit noch lächerlichern Tänzen und Ceremonien umher."

Am 14ten läßt man aus einem besondern Gehäuse zwo Figuren in Riesengröße halb von Holz und halb von Pappedeckel, auf großen gleichfalls von Pappedeckel gemachten Pferden hervorkommen, von denen die eine den Fürsten Griffo, die andere seine Gattin vorstellt. Griffo ist nach alter Art mit einem gestrickten Panzerhemde bewaffnet, und trägt Lanze und Schild, seine Gemalin hat ein Amazonenkleid an und ebenfalls eine Lanze in der Hand. Man hat indeß ihr altes Gewand mit einigem modernen Putzwerk geschmückt, welches sehr artig läßt, und ihr Kopfputz besteht aus drey Thürmen, welche die drey festen Schlösser von Messina, Mata-Griffone, Castellacio und Gonzaga vorstellen.

Jede von diesen Bildsäulen wird von dreyßig starken Männern getragen, die von Zeit zu Zeit ausruhen, und die Prozession endlich durch Niedersetzung der beyden Statuen an den beyden Seiten des Portals der Hauptkirche endigen, woselbst sie die berüchtigte Maschine la Varra genannt, erwarten, die man nach dem Mittagsessen von der Stelle zu ziehen anfängt, und welche Abends um 7 Uhr daselbst anlaugt.

Um

Um einen bestimmten Begriff von diesem Wunderwerk zu erlangen, muß man sich ein gezimmertes Gestell, von der Form eines viereckichten Pomeranzenkasten vorstellen, welches ungefähr 12 bis 15 Fuß breit und 8 Fuß hoch, und unten mit Eisen beschlagen ist, um desto bequemer auf dem Pflaster fortgeschoben werden zu können. Aus der Mitte dieses Kasten ragt ein eiserner Stiel, in Form eines Baums, mit eisernen gekrümmten Aesten versehen, hervor, welcher ungefähr funfzig bis sechzig Fuß hoch seyn mag und in dem Gestell, das ihm zum Gegengewicht dient, stark befestigt ist. Auf der ersten Abtheilung der Maschine sieht man das Trauerbette der heiligen Jungfrau, an welchem die heilige Anna und noch einige andere Figuren stehen. Das Ganze ist mit Wolken umgeben, woraus an gewissen Orten goldne Strahlen hervorglänzen, in denen Sonne, Mond und verschiedene Köre des himmlischen Heers erscheinen. Unter dieser Hauptgruppe auf der Oberfläche des Gestells dreht sich ein großes zackigtes eisernes Rad, welches Personen in Bewegung setzen, die im Kasten verborgen sind, und das wieder andere höher gegen den Wipfel des Baums an mehrern Orten angebrachte Räder dreht. Einige laufen, wie das eben beschriebene große Rad, wagrecht, andere senkelrecht, gleich den Windmühlflügeln an den gekrümmten eisernen Stangen oder Aesten. Auf dem Hauptrad sitzen zwölf kleine Kinder von 13 bis 14 Jahren, welche die 12 Apostel vorstellen sollen, und im Geschmack jener Zeiten gekleidet sind. Zehen Fuß höher am äußersten Ende von vier Zweigen, laufen vier andere Räder senkrecht und auf jedem derselben sitzen vier Kinder von fünf bis sechs Jahren, welche ohngeachtet dieser vertikalen Bewegung doch leicht begreiflich stets eine gerade

Stel-

Stellung behalten, weil die Stange, woran sie fest angemacht sind, sich bey jeder Bewegung des Rades selbst mit bewegt. Diese Kinder sind wie Engel gekleidet mit goldnen Flügeln versehen, und auf mancherley Art bemalt. Eine Etage höher lauft wieder ein anderes Rad in horizontaler Richtung, worauf noch kleinere Kinder sitzen, welche die Tugenden und Eigenschaften der Mutter Gottes vorstellen. Noch höher drehen sich in vertikaler Richtung eben solche mit Kindern besezte Räder, und endlich oben am Gipfel begrenzt diese Pyramide eine Gruppe, sehenswürdiger, als alles übrige. Man erblickt nämlich einen jungen Menschen im Scharlachfarbnen Gewand, mit einem ehrwürdigen Silberbart, welcher den himmlischen Vater vorstellt, und mit seinen Händen die Seele der heiligen Jungfrau zu heben und gen Himmel zu senden scheint, die durch ein fest an die große eiserne Stange angebundenes junges, dreyzehen biß vierzehenjähriges Mädchen vorgestellt ist. Man pflegt gewöhnlich ein sehr artiges weibliches Geschöpf hiezu zu wählen, und es versteht sich von selbst, daß sie von einer unbescholtenen Aufführung seyn muß, die dem heiligen Vorbild, das sie vorzustellen hat, ganz entspricht. *)

Zum

*) Vor einigen Jahren begegnete einem jungen Mädchen der Unfall, daß die Hauptstange weiter unten zerbrach. Zum Glück wurde sie von allen Seiten so fest gehalten, daß diese ungeheure Last von selbst sich auf ihr Gestell herabsenkte, und niemanden beschädigte. Dieser Zufall verursachte indessen unter dem gemeinen Volke einen großen Lärm, und man stand keinen Augenblick an zu behaupten, die kleine arme Unglückliche müsse nicht so keusch gewesen seyn, als es ihre Rolle erfordert hätte. Es würde schwer fallen, alle die Auszierungen, womit diese wunderbare

Maschine

Zum Fortbringen dieser Maschine sind eigene starke Männer bestellt, denen das Geschäfte obliegt, sie bis zur Hauptkirche hinzuwälzen, wo der Zug endigt. Hier werden alsdann alle über einander gebundene Kinder losgemacht, nur die Seele der Jungfrau hat die Ehre, im Triumph auf den Hauptaltar gebracht zu werden, wo sie allen Gläubigen ihre Segnungen ertheilt. *)

Der Maschine geschmückt zu werden pflegt, hier einzeln zu beschreiben, man denke sich indeß Wolken von Pappendeckel, denke sich Strahlen und Glorien, Sonnen, Blumen, Stoffe, Tressen, Engel mit vergoldeten Flügeln, deren über funfzig sind, und von denen der älteste den himmlischen Vater vorstellt, und denke sich von dem Augenblick, da die Varra sich in Bewegung setzt, auch alle diese Engelköre während der ganzen Prozession gleichfalls in einer unaufhörlichen drohenden Bewegung.

Der Marsch der Maschine nahm gegen vier Uhr Nachmittags seinen Anfang, und sie wurde ohngeachtet der Hitze, welche am 15. August zu Messina drückend zu seyn pflegt, dennoch vom Clerus, vom Senat und von den Vornehmsten aller Bürgerklassen, von Musik und von den Truppen und endlich von einer ungeheuren Menge Volks begleitet; wovon alle Straßen, alle Erker, alle Fenster voll waren. Unaufhörlich tönte das Krachen des kleinen und groben Gewehrs, welches leztere in großer Anzahl vor den Portalen jeder Kirche, vor welcher der Zug mit der heiligen Maschine vorübergieng, aufgepflanzt war.

*) Es waren immer Anstalten getroffen, durch die Truppen Spalier formiren, und dadurch den Zudrang des Pöbels abhalten zu lassen, außerdem das junge Mädchen, welches die heilige Jungfrau vorstellt, großen Unannehmlichkeiten ausgesezt seyn würde; weil der fanatische Pöbel, der den Haaren derselben viele Heilkräfte zuschreibt, ihr ohne Barmherzigkeit die ihrigen ausraufen würde.

Der Faro oder die Meerenge bey Messina. *)

Der Mangel an alten und neuern Denkmälern würde uns bestimmt haben, Messina bald wieder zu verlassen und unsere Reise fortzusetzen, wenn wir uns nicht entschlossen gehabt hätten, die schönen umliegenden Gegenden genau und mit Muße zu untersuchen. Die Lage der Stadt ist, wie wir schon erwähnt haben, so außerordentlich angenehm, so vortheilhaft, daß alle jene Völker, welche je einen Anspruch auf Sizilien hatten, sich stets von Messina Meister zu machen suchwürde. Die großen Sicherheitsanstalten, die man beym Herablassen der Mädchen stets zu beobachten pflegt, sind Beweise von solchen traurigen Beyspielen. In ehmaligen Zeiten hatte das Mädchen, welches zu dieser erhabenen Rolle gewählt wurde, das Privilegium, einen Hauptverbrecher vom Tode zu befreyen; allein diese Gewohnheit ist um der wichtigen Folgen willen abgeschafft worden, und man hat davor eine mittelmäßige Aussteuer bestimmt, wozu die Einwohner Messina's noch einige Geschenke fügen.

*) Die meisten Reisenden haben in ihren Beschreibungen den Kanal mit dem Faro von Messina verwechselt; da doch zwischen beyden Benennungen der nämliche Unterschied ist, als zwischen dem Englischen Kanal und der Meerenge von Calais. Der Kanal von Messina begreift von Norden bis Süden den ganzen Umfang des Meers zwischen dem Kap Spartivento und Vaticano in Kalabrien und den Vergebürgen Rasocurmo, nabe bey dem Leuchtthurm und Santa Croce bey Syrakus. Der Faro oder die Meerenge von Messina aber erstreckt sich nicht weiter, als von dem Raum, der sich zwischen der Landspitze Scylla und dem Capo dell' armini in Kalabrien, und dem Leuchtthurm und dem Capo Scaletta in Sizilien befindet.

suchten, weil sie solches für einen Platz ansahen, ohne dessen Besitz sie ihre Eroberungen nicht würden behaupten können.

Neugierig, genau zu erfahren, was denn eigentlich die fürchterliche Charybdis sey, die, wie uns Homer versichert, täglich dreymal das Seewasser verschlingt, und es dreymal mit gräßlichem Gebrülle wieder von sich speyt, kehrten wir einige Tage nach unserer Ankunft zu Messina dahin zurück. Das Meer schien uns daselbst so ruhig und so wenig fürchterlich, als bey unserer Ueberfahrt. Indessen konnte man doch sehr deutlich ein Hin- und Herschwanken wahrnehmen, und eine Art von Aufwallen an der Stelle, wo sich die beyden Ströme einander begegnen. *)

*) Diese Meerenge wird von Strömen beherrscht, deren Richtung so veränderlich ist, daß man unmöglich ihren Lauf bestimmen kann, und die geschicktesten fremden Steuerleute beynahe unvermeidlich in Gefahr gerathen würden, wenn sie sich nicht des Raths innländischer Seeleute bedienten. Wirklich unterhält auch die Regierung vier und zwanzig Piloten, die verbunden sind, den fremden Schiffen bey der An- und Abfahrt ihre Dienste anzubieten, und die dafür von diesen eine kleine bestimmte Belohnung erhalten. Der vorzüglichste von diesen Strömen, welcher von Nord-Nord-Ost nach Süd-Süd-West zwischen dem Fels der Scylla und der Landspitze des Leuchtthurms von Messina, gewöhnlich Carybdis oder il Garofalo genannt, seinen Lauf nimmt, hat aber doch einen bestimmten und festen Lauf, der sich nach dem Steigen und Fallen des Monds zu richten scheint. Man beobachtet, daß er beynahe alle sechs Stunden seinen Lauf abändert, und dies ist eben der gefährlichste Zeitpunkt, besonders zur Zeit einer Windstille, welches denn auch zu den bekannten Versen Anlaß gegeben hat:

Incidit in Scyllam, cupiens vitare Charybdim.

Was die Alten bewegen konnte, von jenen Schlünden zu sagen, sie zögen die Schiffe an sich und rissen sie in den Abgrund hinab, ist in gewisser Maße wahr, denn die Ströme, die sich hier einander begegnen, reißen alle dahin schwimmende Gegenstände, zumal wenn sie von heftigen Winden noch mehr in Bewegung gesezt werden, weite Strecken gewaltsam mit sich fort, und der Dichter durfte, vermöge der ihm zustehenden Freyheit, wohl das Gemälde dadurch noch grauenvoller zu machen suchen, daß er sagte, der Schlund habe die verschlungenen Schiffe wieder von sich geworfen. Gewiß ist es, daß die See an diesem Orte und einige Schritte vom Ufer, plötzlich so tief wird, daß man sie nicht mit dem Senkbley ergründen kann, welches auch durch die Gewalt der Ströme ohnedies schon seine Würkung verliert. Es ist übrigens auch sehr wahrscheinlich, daß eben diese Ströme jene Schlünde ausgehölt haben, weil sie schon seit so vielen Jahrhunderten den Sand aus dem Grund des Meers beständig aufwühlten. *)

Unter diesen Umständen, und vorzüglich zu solchen Zeiten, wo der Mond stärkern Einfluß auf die See hat, ist die Gefahr, zumal für große Schiffe, drohend. Denn da dieser Strom in Krümmungen die ganze Meerenge durchläuft, so sind die Schiffe gezwungen, ihn zu durchschneiden, und er wird bey gänzlich stiller See nur um desto gefährlicher für große Schiffe, weil das Mittel fehlt, aus selbigem heraus zu kommen und sie folglich diesem reisenden Strome folgen müssen, wo sie auf beyden Seiten Gefahr laufen an den Felsen zu scheitern.

*) Büffon sagt: „die Schlünde oder Strudel scheinen nichts anders zu seyn, als Wasserwirbel, die durch zwey oder mehr einander entgegen laufende Ströme erzeugt werden. Der Euripus, so berühmt durch den Tod des Aristoteles, verschlingt das

Eine besondere Eigenschaft dieses Sandes an der Meerenge, rings um den Arm des Flusses **Ranieri** vom Kastell **San Salvador**, bis zum Leuchtthurm ist diese, daß er sich in sehr kurzer Zeit gewisse Haufen bildet, indem die Kieselsteine von einer Art Erdbech überzogen werden, welches sie fast auf die nämliche Art zusammen hält, wie der Zucker die gerösteten Mandeln, mit denen dieses Erzeugniß der Natur viele Aehnlichkeit hat. Der Anfangs weiche Sand wird nach und nach immer härter, und endlich nach Verlauf eini

das Wasser während eines Zeitraums von 24 Stunden siebenmal, und speyt es eben so oft wieder von sich. Dieser Strudel befindet sich nahe an den griechischen Küsten. — (Im Kanal, der die Insel Euböa von dem festen Lande Griechenland trennt.) Die Charybdis in der Meerenge von Sizilien verschlingt das Wasser in der nämlichen Zeit dreymal, und giebt es dreymal wieder. Man ist übrigens von der Zahl dieser Abwechslungen nicht hinlänglich unterrichtet. Der größte Strudel, den man kennt, ist der Norwegische, welcher, wie man versichert, mehr als zwanzig Meilen im Umfang halten soll. Er verschlingt binnen sechs Stunden alles, was sich ihm nähert; Wasser, Wallfische und Schiffe, und wirft es nach einem gleichen Zeitraum wieder von sich. Man hat nicht nöthig, sich gewisse Löcher und Abgründe, die alles in sich saugen, zu denken, wenn man sich die Ursachen jener Strudel erklären will. Es ist bekannt, daß wenn das Wasser zwo verschiedene Richtungen hat, der Zusammenfluß desselben einen kreisförmigen Wirbel hervorbringt, wie man solches öfters an den Pfeilern der Brückenbögen bemerken kann, zumal bey reissenden Strömen. Eben so ist es der Fall bey den Meereswirbeln, auch diese werden von mehreren sich einander entgegen laufenden Strömen erzeugt, und da die Ebbe und Fluth die Hauptursache der Ströme ist, welche während der Fluth von einer, und während der Ebbe von der andern Seite in entgegengesezter Richtung getrieben werden; so ist es nicht zu ver

einiger Jahre so hart, daß man Mühlsteine für Getreide- und Oehlmühlen daraus fertigen kann, die den Schnitt und das Glätten aushalten. Sollte wohl dieses Erzeugniß von dem Schlamm entstehen, der sich auf dem Grunde des Wirbels befindet? dies ist um so wahrscheinlicher, da man dieses Anhäufen der Kieselsteine nirgends findet, als gerade an den nächsten Gestaden, und da die Versteinerung immer weniger dicht und hart befunden wird, je weiter sie davon entfernt ist, bis sie endlich in geringer Entfernung von der Charybdis ganz aufhört, auch jene weichere Steinrinde zu nichts tauglich ist, als zu Mauer- und Bruchsteinen. Diese letztere

verwundern, daß die Schlünde, welche aus diesen Strömen entspringen, in einem Zeitraum von wenigen Stunden, alles, was ihnen nahe kommt, an sich ziehen, und hernach, in der nämlichen Zeit das Verschlungene wieder von sich werfen.

Hist. Nat. T: II. de la Théor. de la Terre, pag. 270. Edit. in 12.

Brydone im 3. Brief des 1. Theils seiner Reise durch Sizilien und Malta vermuthet, der Wasserwirbel der Charybdis entstehe durch das kleine Vorgebürg oder die Erdzunge, die den Hafen von Messina bildet. Da dasselbe die Meerenge an den Ort verengert; so müsse nothwendig die Geschwindigkeit des Stroms zunehmen. Doch, glaubt er, müßten ohne Zweifel noch andere Ursachen vorhanden seyn, die uns unbekannt seyen; denn diese allein sey lange nicht hinlänglich, alle jene Erscheinungen zu erklären, welche dadurch hervorgebracht werden. Die Alten hielten diesen Ort für den allerschrecklichsten Durchgang von der Welt, und verglichen ihn schon erwähntermaßen wegen des Getöses, mit einem gefräßigen Seeungeheuer, das beständig nach Beute brülle. Aristoteles giebt in seinem Buch de admirandis, im 125. Kapitel eine lange fürchterliche Beschreibung davon. Eben so beschreibt Homer im 12. Buch seiner Odyssee,

Art wird aber an vielen Orten der Sizilianischen Küste gefunden und selbst zu Messina verarbeitet.

Ohngeachtet der Gefahr, die mit dem Schwimmen- und Untertauchen in allen Gegenden des Hafens und jener fürchterlichen Schlünde, die ihn umgeben, verbunden seyn soll, versichert man doch, es gäbe kühne Taucher, die diesen Orten sehr nahe zu kommen wagten, und man spricht noch jezt

see, 1) Virgil im 3. Buch seiner Aeneis, 2) Lucrez, Ovid, 3) Sallust, 4) Seneka, 5) und Strabo, 6) auch viele alte Italiänische und Sizilianische Dichter das Grauenvolle desselben mit

1) Δεινον ανερροιβδησε θαλασσης αμυρον υδωρ u. s. w.
   Odys. L. XII. v. 235. &c.

2) imo barathri ter gurgite vastos
   sorbet in abruptum fluctus, rursusque sub auras
   Erigit alternos et sidera verberat unda.
   Virg. Aeneid. Lib. III. v. 421. &c.

3) raptus vorat revomitque carinas.
   Ovid. Metamorph. L. XIII. v. 731.

4) Est igitur Charybdis mare periculosum nautis, quod contrariis fluctuum cursibus collisionem facit, et rapta quoque absorbet.

5) Charybdis an respondeat fabulis perscribi mihi desidero, fac nos certiores, utrum uno tantum vento agatur in vortices, an omnis tempestas, ac mare illud contorqueat, et an verum sit quidquid illo freti turbine arreptum est.
   Seneca ad Lucullum.

6) Ante urbem paululum in trajectu Charybdis ostenditur: profundum quidem immensum: quo inundationes freti mirum in modum navigia detrahunt: magnas per circumductiones, et vortices praecipitata, quibus absorptis ac dissolutis, naufragiorum fragmenta ad Tauromitanum littus attrahantur &c.   Strabo Lib. VI.

jezt zu Messina von einem berüchtigten Taucher, Namens Colas, welcher die Hälfte seines Lebens im Wasser zugebracht haben soll, und den man wegen der Leichtigkeit, womit er zu schwimmen pflegte, mit dem Beynamen *il pesce*, der Fisch, belegte. Allein sein Ruhm ward auch die Ursache seines Todes, denn die Geschichte sagt, Friederich, König von Sizilien, welcher Zeuge von den Thaten dieses wunderbaren Schwimmers seyn wollte, und gezweifelt habe, daß er in der Gegend der Charybdis unterzutauchen wagen werde, habe zu diesem Ende zweymal ein Goldstück in den Schlund

mit vielem Feuer und Nachdruck. Sie sprachen alle davon, als von einer Sache, deren entfernter Anblick schon Schrecken errege. Nun ist der Wirbel gewiß nicht mehr so fürchterlich, und es ist sehr wahrscheinlich, daß die Heftigkeit seiner Bewegung in dem Verlaufe so vieler Jahrhunderte, nach und nach die rauhen Felsen und die hervorragenden Klippen, welche vielleicht ehedin das Gewässer aufstiegen und einschränkten, geglättet und abgerundet habe. Beydam glaubt auch, die Meerenge müsse sich an diesem Orte sehr erweitert haben, welches er der Natur der Sache angemessen hält, weil das beständige Reiben, das der Strom verursacht, nothwendig die Sandbänke von beyden Seiten weggeführt und das Bett des Wassers erweitert haben müsse.

Bartels fuhr lange auf dieser von den Alten so schreckbar beschriebenen Tiefe umher, und fand sie nach Aussage seiner Schiffer an den mehresten Stellen nicht über 3 Ellen tief und eine ruhig sich kräuselnde Fläche, gleich kleinen Wirbeln auf andern Wassern. Es ist also sehr wahrscheinlich, was Bartels sagt, daß sich die Gewalt des Schlunds von Jahren zu Jahren vermindere. Ueber die Art der Entstehung des Wirbels nimmt Bartels zwo Ursachen an, nämlich einmal **den felsichten Grund der See**, angefüllt mit Abgründen, die vielleicht schon Folge der Revolution waren, durch die muthmaßlich

Schlund werfen laſſen, welches auch jedesmal von dem unerſchrockenen Colas herausgeholt worden ſey; als man aber den Verſuch zum drittenmal an der tiefſten Stelle des Wirbels wiederholte, wäre der arme Fiſch nicht mehr zum Vorſchein gekommen, ſondern wahrſcheinlich durch die Gewalt der Ströme mit fortgeriſſen worden. Sein Körper ſoll einige Tage nachher, in einer Entfernung von mehr als 30 Meilen gefunden worden ſeyn.

Doch wir haben uns lange genug bey dieſen berühmten Klippen aufgehalten, die vielleicht in unſern Tagen deswegen

maßlich Sizilien von Italien losgeriſſen ward, vielleicht auch Folgen von ſpätern Erdbeben ſind; dann aber auch **die Menge emporſteigender Dünſte aus dem Innern der Erde, die mit ſo vieler Feuermaterie geſchwängert iſt.** Jemehr nun der Zufluß in der Erde iſt, und je dicker und häufiger die Dünſte emporſteigen, deſto mehrere und ſtärkere Wirbel veranlaſſen ſie auf der Oberfläche des Waſſers. Bey dieſer Meinung ließe es ſich auch leicht erklären, warum grade vor und bey dem Erdbeben die Wirbel der Charybdis ſo fürchterlich heftig waren? die Feuermaterie hatte ſich im Innern der damals noch ruhigen Erde ſchon ſo angehäuft, daß ein heftiger Ausbruch nothwendig erfolgen müßte; alles war alſo in der größten Gährung, und kurz vorher, ehe Erdbeben und Ausbrüche der Vulkane die Erde von ihrer Materie entbanden, mußten daher mit Macht die kompakten Dünſte hervordringen, und heftigere Wirbel, als gewöhnlich, veranlaſſen. daß aber immer bey Ebbe und Fluth, die bekanntlich hier täglich ihre beſtimmte Stunden hält, der Meerſtrudel ſich vermindert oder vermehrt, kann von dem mehr oder mindern Druck des Waſſers herrühren, durch das die Dünſte bey niedrigem Waſſer ohne heftiges Vordringen, bey höherem Waſſer aber mit größerer Gewalt emporſteigen müſſen. Bartels Br. über S. 2. Theil, 15. Br.

wegen weniger furchtbar sind, weil man sie besser kennt und
näher untersucht hat, als ehmals. Die Furcht, von der
Hitze und ungesunden Luft auf unserer Zurückreise überrascht
zu werden, bewog uns, alles, was allenfalls noch zu Messina sehenswürdig seyn konnte, bis zu unserer Zurückkunft
dahin zu verschieben. Man kann übrigens mit Wahrheit sagen, daß der Hafen und die vortreffliche Lage dieser Stadt,
das Hauptverdienst derselben ausmachen; auch ist es gewiß,
daß diese Lage und die Zufluchtsörter, womit Messina umgeben ist, vor Kälte und Hitze, und vor allen möglichen widri-
gen Einflüssen der Luft schützen. Die herumliegenden Berge,
das gemäßigte Klima der Gegend, welche stets von der nahe-
liegenden See erfrischt, und durch die beständigen Luftströme
immer gereinigt wird, machen Messina zum angenehmsten
und gesundesten Wohnplatz von der Welt. *)

Das Kastell di San Alessio und die Furth des Flusses Lettoyano.

Wir reisten auf Maulthieren nach Katanien ab, die
wir für 6 Carlins täglich gemiethet hatten, und hatten drey
Führer bey uns, wovon uns jeder des Tags 12 Carlins kostete. Diese Begleitung, die in Wahrheit sehr überflüssig
ist, sollte uns zum Schutz gegen die Banditen dienen, die
man jedem Reisenden in Sizilien immer sehr furchtbar zu
schildern pflegt, aber sie ist eigentlich nichts anders, als eine

*) Auch Brydone rühmt diese Eigenschaft und sagt, Messina wäre
der vortreflichste Aufenthalt für schwächliche, kränkliche Leute.

Art von Auflage auf den Beutel der Reisenden. *) Einen Vortheil gewähren indeß diese in Livree gekleidete Räuber doch zuweilen, weil sie Reisenden die nothwendigen Bedürfnisse zu verschaffen wissen. **)

Unsere

*) Brydone im 4. Brief seiner Reise scheint diese Begleitung doch nicht für so ganz unnöthig zu halten, er sagt, daß im östlichen Theile der Insel, den man von den Teufeln, die den Berg Aetna bewohnen sollen, Val Demoni nennt, man es von jeher unmöglich gefunden habe, die Banditen auszurotten, indem da unzählige Hölen seyen, wohin sie die Truppen schlechterdings nicht verfolgen könnten. Da sie nun außerdem beherzte Leute seyen, und stets an jedem, der sie beleidige, schreckliche Rache übten; so habe es der Gouverneur, Prinz von Villa Franka für das klügste und sicherste gehalten, ihr Patron zu werden, und alle, die ihre Berge und Wälder, obgleich vielleicht nur auf eine Zeitlang verlassen wollten, fänden gute Aufnahme und würden von ihm in Schutz und Dienste genommen, trügen des Prinzen Livree gelb und grün, mit silbernen Spitzen, und man habe kein Beyspiel, daß sie je sein Zutrauen gemißbraucht hätten. Diese Leute pflegt er dann selbst denjenigen Reisenden, welche an ihn empfohlen sind, zur Sicherheitswache, gegen andere Räuber und Banditen mitzugeben, und man kann sich ganz auf ihren Schutz, den man freylich bezahlen muß, verlassen. Sie sollen sogar einen romanhaften Begriff von Ehre haben, und dem, dem sie einmal ihren Dienst zugesagt haben, die unverbrüchlichste Treue halten. Ihre Mitgehülfen, die übrigen Banditen, kennen und ehren sie, und thun niemanden, der in ihrer Begleitung reist, etwas zu Leide. — Bartels, widerspricht Herrn Britone, und versichert, diese Leute seyen keine Banditen, sondern blos Polizeydiener, die wegen der schlechten Kleidung übel aussehen.

**) Alle diejenigen, welche über Sizilien geschrieben haben, schildern die große Unsicherheit der Straßen, wegen der vielen Räuber;

Unsere Caravane bestand also aus drey Wächtern, von denen einer ein *Barigel* war, das ist eine Gattung von Lieutenant über die Häscher. Dieser hatte den Befehl über die beyden andere, von denen der eine Aufseher unsers Reisegeräthes, auch Uniform trug, der andere aber, ein gemeiner Räuber, zu Fuß, die beyden erstern bediente. Nach diesen folgte die Gruppe von Künsten und Wissenschaften, Maler, Architekten, und endlich ein treuer Diener, den wir, je nachdem

ber; einige Schriftsteller haben sogar, um ihre Erzählungen auszuschmücken, gewisse Züge und Begebenheiten von solchen Leuten eingeflochten; andere, denen nichts solches begegnete, haben diese wieder geläugnet, und sich auf Unkosten der Erzähler darüber lustig gemacht. Das Wahre von der Sache ist inzwischen, daß sich ehmals viele Räuber in Sizilien aufgehalten haben. Unter dem Gouvernement des Herzogs von Vieuville im Jahr 1758 wurde ein Gesetz promulgirt, welches die Hauptleute oder Ober-Beamten der Gemeinheiten für die Räuber, die sich in ihren Bezirken betreten ließen, verantwortlich machte, und nun sieht man keine Räuber mehr auf den Straßen.

Inzwischen giebt es noch eine andere Gattung von Menschen, welche fast eben so gefährlich ist, und die Schwäche des Gouvernements läßt ihre Ausrottung sobald nicht hoffen. Dies sind Landleute, zuweilen selbst einzelne Personen, die einen Rang im Staate behaupten, welche der Zorn, der Geist der Rache, oder der Mißbrauch ihrer Gewalt zu Mördern umgeschaffen hat. Da sie nun, um vor den Verfolgungen der Gerichte sicher zu seyn, nicht mehr in ihren Wohnörtern leben können, so fliehen diese Unglücklichen bewaffnet auf die Gipfel der Gebürge, in Hölen, in Felsritzen und Wälder. Die Häscher des Gerichtshofs haben zwar Befehle, sie aufzusuchen, aber, es sey nun, daß diese Befehle nicht sehr strenge sind, oder daß man diejenigen Herren, deren Unterthanen und Vasallen sie sind, und in deren Lehengüter sie ihre Zuflucht genommen haben, gerne schonen will, oder endlich daß sie die Gewißheit ihres Todes, im Fall sie ergrif-

dem es unsere Bedürfnisse erforderten, bald zum Aufseher, bald zum Koch, bald zum Bartscheerer gebrauchten. Die Künstler waren folgende: Herr **Desprez** und Herr **Renard**, Architekten und Pensionärs des Königs bey der französischen Akademie zu Rom, Leute voll Talent und Verdienste, und Herr **Chatelet**, ein sehr geschickter Landschaftmaler. Alles dieses, in Verbindung mit den Maulthieren, machte ein Heer von 19 lebendigen Wesen aus, und gab einen

ergriffen werden, kühner und berzhafter macht; — kurz man sieht wenige von ihnen gefangen eingebracht werden. Geld, Fürsprachen, und dergleichen, sind die Mittel, die ihre Anverwandten anwenden, um ihre Angelegenheiten wieder gut zu machen, und ihre Fehltritte haben auf diese Art selten üble Folgen für sie. Inzwischen suchen sich diese Verbannten, da sie jede Gesellschaft fliehen, aller Hülfsmittel sich beraubt sehen müssen, die nothwendigen Bedürfnisse selbst zu verschaffen, wie und wo sie Gelegenheit dazu finden, und sie fordern sie daher auch sehr dreuste von Reisenden, die ihnen begegnen, mit der Erklärung, daß sie das, was man ihnen verweigert, selbst nehmen würden. Nichtsdestoweniger sind sie auch zuweilen für Fremde nützlich, sie bieten nämlich denjenigen, die es annehmen wollen, gegen eine mäßige Belohnung ihre Dienste an, und wer sich in ihren Schutz begiebt, reist meistens unangefochten, weil sie sämmtlich einander kennen, und Mitgehülfen sind. Alle Grossen Siziliens haben Wachen oder Trabanten, die meist aus solchen Leuten bestehen. Man nennt sie *Campieri* und das größte Merkmal von Ehrerbietung oder Würde, welche derjenige, der solchen Vornehmen empfohlen ist, erhalten kann, ist, daß sie ihm einen oder mehrere solche Leute, denen ihre Livree Ansehen giebt, und sie selbst vor Verfolgungen der Justiz sichert, zu Begleitern geben. Diejenigen, welche dergleichen nicht erhalten, pflegen sie für Geld zu miethen, und man pflegt gemeiniglich in Sizilien fast nie ohne einen, oder mehrere solche *Campieri* zu reisen. Diese Nachrichten verdanken wir dem Vicekonsul zu Messina, Herrn **Lallement**.

nen Anblick, der alle Dörfer, die wir auf unserer Reise trafen, in Furcht und Schrecken setzen mußte, wahrscheinlich bediente sich auch unser Barigel, der zugleich den Proviantmeister machte, dieses Umstandes, um unsere Maulthiere mit den nöthigen Lebensmitteln während unserer Reise zu versehen.

Der Tag unserer Abreise von Messina war der 8. Junius 1778, und unser Aufbruch geschah mit Anbruch des Tages. Fünf Meilen weit fanden wir das Land auf beyden Seiten mit Wohnungen bedeckt. Es war eben die Seidenerndte, ein Erzeugniß, welches für das vorzüglichste dieser Gegend gehalten werden kann. Die Seide ist da wirklich ganz vortrefflich, viel feiner, als in Calabrien, und die Franzosen schätzen sie sehr, und führen sie häufig zum Behuf der Lyonischen Fabriken hinweg. *)

Wenn

---

*) Von Messina wird jährlich, ohne den Schleichhandel zu rechnen, über 200,000 Pfund rohe Seide ausgeführt, wovon der größte Theil bisher nach Frankreich gieng, welcher Handel jetzt freylich durch die Revolution und die innerliche Zerstörung dieses unglücklichen Landes und besonders durch das Unglück, das die Stadt Lyon betraf und ihre blühenden Fabriken zernichtete, leider aufhören wird. Das übrige wird nach Genua und Toscana verführt. Bekanntlich hat Messina und Palermo die Stapelgerechtigkeit von aller in Sizilien gezogenen Seide, wo eigene Konsulate zu diesem Geschäfte sind. Seit der Aufhebung der drückenden Abgaben soll eine bis dahin ungewohnte Thätigkeit in Messina erwacht seyn. Es wäre sehr gut, wenn man nur erst hauptsächlich ein Augenmerk auf Verbesserung der Manufakturen richtete. So lange die Messineser noch ruhig sagen konnten, „unsere Seide geht größtentheils nach Frankreich, wo man sie nur recht zu schätzen und vollkommen zu verarbeiten versteht," so lange nicht edler Nacheifer bey ihnen entsteht, sagt Herr Bar-

Wenn man den kleinen an der Straße liegenden Flecken Tremisteri zurückgelegt hat, kömmt man in eine bergichte wilde Gegend, das Erdreich wird steinicht, trocken und man trifft häufige Felsen an. Nur einzelne Oehlbäume sieht man hier, aber desto häufigere Ströme, welche die Gegend durchrauschen, doch sind diese Ströme nichts anders als Bäche, vom Regenwasser erzeugt, das während der Winterstürme von den Felsen herabrinnt, und man findet in ihren Betten neun Monate des Jahrs hindurch keinen Tropfen Wassers. Wir reisten vor dem Kap della Scaletta vorbey, welches ein jäher Fels ist, auf dessen Spitze ein Thurm und ein sehr hohes Schloß liegt, das aber eben nicht sehr bemerkenswerth scheint. In einiger Entfernung davon liegt Fiume di Nissi, 18 Meilen von Messina, wo wir etwas Ruhe hielten. Die in diesen Fels=Schlünden zusammen gedrängte und von

den

Bartels in seinen Briefen über Sizilien, der vielleicht einzig durch ausgestellte Prämien angefeuert, und durch den glücklichsten Erfolg, der ihnen gewiß nicht fehlen würde, unterhalten werden könnte; so lange ists unmöglich, daß Messina zu der Höhe emporsteigen kann, die es zu erreichen fähig ist. Bis jetzt (1786) arbeiten in Messina 1200 Weberstühle, aber ihre Seidenwaaren finden, der geringen Güte wegen, fast nirgends anders Absatz, als in der Levante und zwar größtentheils mit französischen Schiffen, denn was nach Spanien und andern Ländern geht, ist wenig. Die Messinesischen Stoffe verlangt man von der Levante am meisten, weil sie größern Glanz haben, als die übrigen; besonders ist der Absatz der sogenannten *Tabi ondati* oder gewässerten Taffet, sehr stark.„ — Sollte die Regierung nicht den gegenwärtigen Zeitpunkt nützen, und den Fabrikanten, die ihr Vaterland und besonders das zerstörte Lyon verlassen mußten, durch glänzende Anerbietungen, Gelegenheit verschaffen, sich in dem ebenfalls der Wiederbevölkerung so sehr bedürfenden

Messina

den Steinklippen zurückstrahlende Sonnenhitze, fieng an sehr lebhaft zu werden, aber zum Glück erfrischten einige Regentropfen ein wenig die Luft und löschten den Staub, der uns auf dieser Reise sehr beschwerlich ward. Wir verließen Fiume di Nifsi um 20 Uhr welschen Zeigers, nämlich um 4 Uhr Abends, um nach Taotmina zu gelangen, welches nur noch 12 Meilen davon entfernt ist. Die ganze umliegende Gegend bis zum Capo di San Alessio ist traurig, dürre und armselig; aber bey dem Kastell San Alessio fängt sie an sehr malerisch zu werden. Dieses Schloß, welches auf der Spitze eines ins Meer hineinragenden Felsen liegt, hat eine sehr sonderbare Gestalt, ist aber wegen seiner Lage am äußersten Ende einer Gebirgkette, wichtig, weil es den Eingang bestreicht, so daß 50 Mann hier ein ganzes Heer abzuhalten im Stande wären. Wir mußten diesen Hohlweg zurückle-

Messina niederzulassen, und dort ihr schönes und einträgliches Gewerbe fortzusetzen? Dies ist sehr zu vermuthen, wenigstens wäre dies der schicklichste Zeitpunkt der Stadt Flor zu geben, der vielleicht nie wiederkehren wird. — Uebrigens sind die meisten Maulbeerbäume im Val Demone, und der Seidenbau beschränkt sich daher größtentheils auf diesen Bezirk; so wie auch in Katanien, Milazzo, Kastroreale und den Gegenden von Messina die vorzüglichsten Seidenwürmer-Anpflanzungen sind; doch findet man auch hie und dort einige in ganz Sizilien. Die Hauptseidenzeuge, die in Messina, Katanien, Jaci und Palermo, wo nur allein Fabriken sind, verfertigt werden, heißen terzanelli, molle und siviglia; aber alle sind von geringem Werthe, theils weil die Seide grob und fäßricht ist, theils weil der ganze Handgriff nichts taugt, und die Weberstühle elend sind, die Zeuge sind daher meist entweder zu dick oder zu dünne, und — da die Appretur nichts taugt — äußerst zerbrechlich.

Bartels am angeführten Orte.

rücklegen, als wir aber daraus hervorkamen, erstaunten wir über die Schönheit der Gegend um Taormina, welches wir jezt mit den dahinter liegenden Bergen ganz erblickten. Wir sezten nun unsere Reise fort, und kamen durch ein Dorf am Flusse Lettogano. Die Lage und der Lauf dieses Flusses schien uns so malerisch, daß wir uns einige Augenblicke mit seinem Anschauen verweilten.

Zwey=

Zweytes Kapitel.

Taormina, seine antiken Denkmäler, sein Theater und die umliegende Gegend; erste Reise auf den Aetna.

Wir hatten nicht sobald die Berge zurückgelegt, die wir hinter dem Flusse Lettoyano fanden, als wir die Stadt Taormina, das alte *Tauromenium* von ferne erblickten, welche auf einer mit jähen Felsen umgebenen Ebene liegt.

Der erste Gegenstand, der dem Reisenden ins Auge fällt, ist ihr berühmtes Theater, dessen Ruinen man auf dem Gipfel eines Berges liegen sieht. Der alte Weg, welcher dahin führte, ist verloren gegangen, oder vielmehr der umgewälzte Boden läßt keine Spur mehr davon sehen; denn von dem kleinen Busen, der der jetzigen Stadt Taormina statt des Hafens dient, bis zur Stadt selbst, muß man mit Gefahr einen kleinen steilen Fußsteig hinanklettern, um dahin zu gelangen. Inzwischen muß man gestehen, daß man nicht leicht einen sonderbarern und angenehmern Weg finden wird, wenn man die schönen und fruchtbaren Gegenden in Erwägung zieht, die sich von Schritt zu Schritte zeigen. Der Ueberfluß solcher Naturgemälde, der hier unsere Augen weidete, zögerte beynah jeden unserer Schritte, und wir hatten, ohne es zu bemerken, einen großen Theil des Tags zugebracht

bracht, um die Gegenden um Taormina aufnehmen zu lassen; so daß es bereits dunkle Nacht war, als wir in der Stadt selbst ankamen, und kaum noch so viel Zeit, um dem Gouverneur unsere Aufwartung zu machen, der uns sehr höflich empfieng. Er wieß uns das Kapuzinerkloster zu unserem Aufenthalt an, wo wir nicht wenig erstaunten, als uns beym Eintritt ein starker Geruch von Orangenblüthen entgegen düftete. Wir speisten zu Nachts in ihrem Eßzimmer mit dem Guardian, der uns die Ehre anthat, ein Abendmal mit uns zu verzehren, welches wir mitgebracht hatten, und unsern vortrefflichen Syrakuserwein mit uns zu trinken, den uns der Gouverneur geschickt hatte. Wir begaben uns sogleich des andern Morgens wieder zu diesem braven Gouverneur, um ihm für sein Geschenk zu danken. Seinen Pallast fanden wir sehr alt und wirklich sollen ihn die Könige von Aragonien erbaut haben, und er soll eben derjenige seyn, worein sich **Johann** von Aragonien, einschloß, als er von den Franzosen überwunden worden war. Man behauptet, er habe dieses selbst in einer Inschrift bekannt, die man an der Thurmmauer findet, und die also lautet:

EST MI — HI — I — LOCV̄ REFVGII.

Der Gouverneur wollte uns den Antiquar der Gegend, D. **Ignatio Castella** beygeben, der, sagte er, so weise, so gelehrt sey, daß ihm der König den Titel Cicero von Taormina beygelegt habe. Dieser Mensch, der uns eine erhabene Meinung von sich einflösen wollte, machte sich zur Pflicht, uns alle nur erdenkliche Seltenheiten des Orts, mit so viel Phlegma, und so methodisch zu zeigen, daß wir,

glaube

glaube ich, noch daselbst seyn würden, ohne eben mehr zu wissen, als wir sahen und erfuhren, wenn wir ihn nicht unter dem Vorwand der großen Hitze etwas ungestümm von uns gewiesen und ihn gebeten hätten, uns zur andern Zeit das übrige zu zeigen.

Beschreibung des Amphitheaters.

Als wir so glücklich gewesen waren, uns von dem eben genannten Gelehrten loszumachen, verloren wir keinen Augenblick, uns auf den Weg nach diesem prächtigen Theater von Tauromenium zu begeben, welches man wirklich für ein Wunder der Natur ansehen kann, und das wegen seiner erstaunenswürdigen Erhaltung und Lage, ohne Widerspruch eines der wichtigsten Denkmäler des Alterthums ist, von denen wir noch in unseren Tagen Ueberbleibsel besitzen. Es scheint, als habe die Natur hier selbst Plan und Umriß, Ebenmaß und Lage diesem schönsten aller Schauspielhäuser vorzeichnen wollen, und es dem Baumeister blos übrig gelassen, ihm die Einrichtung zum Gebrauch zu geben und so zu sagen, die lezte Hand ans Werk zu legen.

Die Krümmung und Gestalt des Berges selbst hatten den Zirkel gebildet, und man hatte folglich nichts zu thun, als die Stuffen in den Fels zu hauen, sie mit Matoni zu bekleiden und auswendig und inwendig eine Galerie anzubringen, welche das Gebäude bekränzte. Zween Felsen bildeten eine natürliche Vorscene, so daß man nur zwischen inne das Proscenium auf einer gleichfalls natürlichen Erhöhung anbringen durfte; weil die Griechen nicht wie wir den Hochmuth hatten, die Natur übertreffen zu wollen, und Orte auszuschmücken, die sich selbst den Bemühungen der Kunst widersetzen. Sie wählten meist glückliche Situationen, verschönerten dann die günstigen Anlagen des Ungefährs, und brachten auf diese Art erhabne Werke mit dem nämlichen Aufwande hervor, den wir oft verwenden, um etwas sehr mittelmäßiges zu schaffen. Von der Wahrheit dieses Umstandes zeugt wohl nichts entscheidender, als das schöne Theater, das wir so eben beschreiben wollen, und welches mit Recht für eines der vollständigsten und prächtigsten Monumente dieser Gattung, die bis auf unsere Tage gedauert haben, gehalten wird. Ob schon die Breite der Vorscene mehr als 22 Toisen enthält und keinen unterirdischen Gang hat; so ist doch der Schall in diesem Prachtgebäude so hell, daß man von allen Seiten den kleinsten articulirten Laut hört, und er gleich einem Instrument wiedertönt.

Wir können hier ein Beyspiel von der nämlichen Gattung aus einer neuen spanischen Reisebeschreibung anführen. Man findet nämlich bey Sagunt, einer alten durch die Belagerung Hannibals berühmten spanischen Stadt, nahe am Meer an dem Orte gelegen, wo heut zu Tage Moviedro befindlich ist, und nicht fern von Taragona, noch sehr schöne Ruinen eines antiken Theaters, welches, so wie das zu Tauromenium, ganz in Felsen gehauen war. *) Die Vorscene

---

*) Das Saguntinische Theater ist für den Schall sehr vortheilhaft gebaut. Eine Person, die in der Hölung des Berges steht, kann sehr wohl von andern gehört werden, die sich an dem entgegen gesetzten Ende befinden, und der Schall, statt sich durch die Entfernung zu verlieren, scheint sogar stärker zu werden. Ich habe die Probe davon selbst gemacht; da einer von meinen Freun-

scene ist ohne Widerspruch der vorzüglichste Theil dieses Denkmals der Vorzeit.

Der erste Reisende, welcher eine genaue und umständliche Beschreibung davon geliefert hat, ist der Holländer Philipp d'Orville. Die Erzählung, die in seinem Werk über Sizilien davon zu finden ist, schien uns um so lesenswürdiger, weil er zugleich auch sehr gelehrte Bemerkungen über die Form und Anlage der alten Schauspielhäuser eingemischt hat; und wäre zu wünschen, daß die beygefügten Zeichnungen mit mehr Fleiß gefertigt seyn möchten. *)

Das, was wir gleich anfangs sehr unwahrscheinlich in dieser Beschreibung fanden, war die Vorstellung des ganzen Gebäudes, so wie es einst gestanden haben soll. Es wäre nämlich nach dieser an der Außenseite ein Portikus von

G 3   Säulen,

Freunden, welcher auf der Scene stand, einige Verse aus dem Amphitrion des Plautus hersagte, so hörte ich sie sehr deutlich in dem obersten Gemach. Man könnte sagen, diese Felsen haben eine Stimme, die fünfmal stärker ist, als Menschenstimme; so sehr gewinnt die letztere durch die sparsam angebrachten Halllöcher an Stärke, Deutlichkeit und Nachdruck.

Neue Reise durch Spanien. Th. 1. S. 60.

*) Die Reise des Herrn d'Orville nach Sizilien, welche zu Amsterdam im Jahr 1764 in zween Foliobänden herauskam, ist sehr selten, und verdiente, wegen des eleganten und reinen Lateins, worin sie geschrieben ist, allgemeiner bekannt zu seyn als sie es wirklich ist; zumal da der Herausgeber P. Burmann einen Band über die Sizilianischen Münzen, voll von gelehrten Bemerkungen, hinzu gefügt hat. Die Kupfer des ersten Bandes sind sehr mittelmäßig, aber der zweyte ist mit 20 Kupferplatten geziert, welche Münzen enthalten, und mit größter Sorgfalt und Fleiß gestochen sind.

Säulen, ganz um das Gebäude hergelaufen, *) da doch der Augenschein dieses noch so sehr erhaltenen Monuments den Kenner belehrt, daß es bloß mit Arkaden und aus Backstein aufgeführten Pfeilern ohne alle weitere Verzierung umgeben war.

Diese Abweichung aber abgerechnet, ist die Beschreibung desselben mit den Zeichnungen die unsere Maler an Ort und Stelle nahmen, so übereinstimmend, daß wir es für das zweckmäßigste hielten, das wichtigste, was er über diesen Gegenstand sagte, hier in der Uebersetzung einzurücken.

Das Theater von Taormina, sagt er, welches auf einem sehr erhabenen Ort angelegt ist und die Aussicht aufs Meer hat, ist der erste Gegenstand, auf dem der Blick schon von ferne haftet. Es steht gegenwärtig noch fast ganz, oder enthält doch wenigstens noch die vollkommenen Spuren seiner alten Bauart, denn das Amphitheater, das ist der Platz, wo die Zuschauer saßen, die Stuffen oder Sitze, so wie die Treppen, waren in lebendigen Fels gehauen. Das übrige am Gebäude war von der größten Gattung von Backstein aufgeführt; inzwischen kann man nicht sagen, ob sie dem von Vitruv beschriebenen Backstein gleichen, welcher fünf Palmen oder 1¼ römischen Fußes enthielt, und den die Griechen bey ihren öffentlichen Denkmälern gebrauchten.

Der

---

*) Monendus est autem Lector, me omnia hic, ut hodie supersunt, repraesentasse, nihilque adjectum, nisi columnas Porticuum, quarum cum basium vestigia ubique extarent, et capitulorum notae certae in parietinis propendentibus hic illic fornicum viderentur, errari non potuit; si quis tamen hic peccatum quid sensat, eas pro non pictis habeat.

Dorville. Sicul. Pars prima, p. 265.

Der Marquis Maffei versichert, Backsteine von 21 Unzen an dem Theater von Dranien gefunden zu haben.

Ich kann nicht bestimmen, aus was für einer Materie die Säulen, die Gänge und übrigen Theile des Gebäudes, bestanden haben mögen, indessen ist es sehr wahrscheinlich, daß sie von Marmor waren, denn man findet in den nahen Steinbrüchen eine Art rohen Marmors von verschiedenen Schattirungen, und die Kirchen zu Taormina sind mit mehreren Säulen von dieser Gattung geziert, ob ich schon auch einige von Granit oder Marmor aus Numidien daselbst bemerkt habe. Man sagt, sie seyen von dem Theater in die Kirchen gebracht worden.

Auf dem Gipfel des Felsen sind zween Portikus auf einer und der nämlichen Fläche, innen und außen auf sieben und vierzig Säulen gestüzt, und durch eine Mauer von Backsteinen von einander abgesondert. Diese Mauer ist noch vorhanden, und hat zehen Arkaden, die zu Eingängen in das Theater dienten. Der Gipfel des Berges ist fast von gleicher Ebene mit dem Boden, worauf die Säulengänge errichtet sind, so daß man zugleich auf der Felshöhe lustwandeln, und daselbst die herrlichste Aussicht über die Stadt, und die umliegenden Gefilde genießen konnte.

Dies war gerade eine Lage, wie sie Vitruv zur Erbauung eines Theaters haben will, nämlich auf einem erhabenen und für die Mittheilung des Schalls bequemen Ort; ut in eo vox quam clarissime vagari possit. Von dem innern Theil des einen Portikus und von den Sitzen des Amphitheaters konnten die Zuschauer die ganze See und die Gebürge überschauen. Was den zweyten Portikus und jene Säulenreihe anlangt, die ihm, wie ich glaube, zur Grenze dienste,

te, so muß ich selbst gestehen, daß man an seinem Daseyn noch zweifeln könnte, ob man gleich noch einen Theil davon sieht, und die Gewölber zu beyden Seiten die Meinung, daß er da gewesen seyn müsse, bestärkten. Die Zuschauer stiegen auf Treppen zum Portikus hinan, die wahrscheinlich von der Straße an bis zum Gipfel des Felses hinan liefen. Die Treppen, welche am äußersten Ende der Gewölber länger waren, dienten zugleich auch zum Eingang zu den untersten Sitzen des Amphitheaters, so wie sie, nach der Beschreibung des Marquis Maffei an dem Theater zu Oranien angebracht sind. Von den Säulengängen stieg man dann auf alle Sitze hinab, welche aus vierzehn Reihen bestanden zu haben scheinen; jedoch kann man an diesem Theater jene Abtheilungen, die für die verschiedenen bürgerlichen Stände gewöhnlich angebracht wurden, nicht wahrnehmen. Solche Abtheilungen oder Sitze, welche ungefähr doppelt so breit als die gewöhnlichen Stuffen zu seyn pflegten, hießen praecinctiones und werden bey allen alten römischen Theatern gefunden. *)

Am untersten Theil des Schauspielhauses befanden sich hier keine Vomitoria oder Ausgänge, die gewöhnlich zur Bequemlichkeit des Adels dienten, der hier seine Sitze zu haben pflegte. Es hätten auch, wie sich leicht denken läßt, keine hier angebracht werden können, weil die Sitze in den dichten

Fels

---

*) So viel man aus dem grauen Alterthum, dieses Denkmals der Vorzeit noch schließen kann, so waren auch hier die Sitze für die Zuschauer so eingerichtet, wie bey den andern Schauspielhäusern der Alten, welches auch Dorville selbst bemerkt. Diese

Sat

Fels gehauen sind. So viel noch aus den wenigen Ueberbleibseln abzunehmen ist, scheinen mir diese Sitze noch einmal so breit als hoch gewesen zu seyn, und es ist sehr glaublich, daß sie mit Holz und Dielen bedeckt waren; von welchem Beschlag auch die Benennung der Stuffen, die das Orchester umgaben, und welche, weil sie die erste Reihe von Sitzen ausmachten, primum lignum hießen, ihren Ursprung haben mag. Maffei bemerkt, daß diese Verkleidungen mit Holz bey mehreren Schauspielhäusern gefunden worden seyen. Hinter der höchsten und von der Proscene am weitesten entfernten Stuffenreihe, wo das Volk saß, liefen rings um das Amphitheater sechs und dreyßig Nischen, die in den innern Portikus hineingiengen und sich oben theils in Halbzirkeln, theils in scharfe Winkel schlossen. Man begreift leicht, daß diese Nischen für Bildsäulen bestimmt gewesen seyn müssen, womit die Alten sehr häufig ihre Theater zu schmücken pflegten. Doch kam ich auch auf die Vermuthung, ob sie nicht vielleicht dazu gedient haben möchten, um hieher jene eherne Gefässe oder Tonnen aufzustellen, deren sich die Alten in ihren Schauspielhäusern bedienten, um der Stimme mehr Gewalt und Ausdehnung zu geben, und die Ausbreitung des Schalls zu vermehren. Dies nämliche glaubten auch mehrere Reisende, inzwischen bleibt diese Meinung ungewiß, und

die

Gattung von Ruhsitzen oder Absätzen zwischen den Stuffen war nicht allein deswegen nothwendig, um die Bürgerklassen abzutheilen, welches durchgängig und besonders bey den Griechen Sitte war, sondern man findet, daß sie, so wie die kleinen, von Raum zu Raum laufenden Treppen, auch dazu erforderlich waren, um hinauf- und hinabsteigen und Platz nehmen zu können, ohne die schon sitzenden Zuschauer zu beunruhigen.

die Behauptung derselben würde schwer zu vertheidigen seyn. *)

Auf jeder Seite des Gebäudes, wo sich die Stuffen des Amphitheaters endigen, nämlich an den beiden Enden der Vorscene, erblickt man die noch ziemlich vollständigen Ueberreste zweyer antiken Baustücke von viereckichter Form, an welche sich zwey andere von eben der Form anschließen, die aber um drey Viertheile kleiner als die ersten sind. Diese leztern Gebäude am Ende der Stuffen des Amphitheaters, mußten nothwendig die Aussicht der Zuschauer in diesem Theil des Theaters sehr beschränken, und ihnen, sie mochten hoch oder niedrig sitzen, den Anblick der Bühne, zu welcher sie weder gerade, noch seitwärts hinsehen konnten, gänzlich benehmen. **)

Die

*) Diese Vorstellung scheint um so weniger glaubwürdig, da die Würkung und der Gebrauch solcher Gefäße von Erz für dieses Theater, welches ohnehin an sich selbst vollkommen sonor ist, ganz überflüssig gewesen seyn würde. Ohne das oben gegebene Beyspiel von dem Theater zu Sagunt zu wiederholen, können wir versichern, daß unsere Künstler, während sie sich mit der Zeichnung der Grund- und Aufrisse beschäftigten, diese nämliche Erfahrung öfters gemacht haben. Einer von ihnen, sagte mit ganz gewöhnlicher Stimme Verse her, als er auf dem Platze stand, wo ehmals die Vorscene befindlich gewesen war, und wurde von seinen Kameraden, die sich eben damals am äußersten Ende des Amphitheaters befanden, so vernehmlich gehört, als wenn er mit der stärksten Anstrengung der Stimme gesprochen hätte, obgleich zwischen ihnen und dem Redner ein Raum von wenigstens 30 Toisen war, welches wohl mehr als die doppelte Größe unserer Schauspielhäuser ausmacht, und ob man sich gleich in freyer Luft befand, und noch überdies fast alle Stuffen zerstört, oder mit Schutt bedeckt sind.

**) Wir müssen hier bemerken, daß diese zwey Gebäude an der

Vor-

Die zwey Haupttheile der Gebäude, welche an den beyden Seiten der Vorscene aufgeführt sind, waren in verschiedene Kammern eingetheilt, und so viel man aus den Ueberbleibseln schließen kann, zween Gaden hoch. Ein Portikus führte vom einen Ende bis zum andern, welcher aber sehr eng war und zwischen der innern und äußern Mauer der Vorscene durch das Gewölbe hinlief.

Was mochte wohl der Zweck dieser beyden Gebäude seyn? — dies ist schwer zu errathen. Ich wäre sehr geneigt zu glauben, daß sie da waren, damit die Schauspieler während der Vorstellungen sich darinn aufhalten konnten. Vielleicht bildeten und ordneten sich da die Köre, ehe sie auf der Bühne erschienen, vielleicht waren es Gattungen von dem, was die Alten *Odeum* nannten, Orte, wo man sang; oder waren es Strategea, in welchen, wie Vitruv erzählt, militärische Uebungen vorgenommen wurden. Der Marquis Maf=

Vorderseite des Proscenium ganz modern sind, welches man sowohl an der Natur der Materialien, als an der Bauart abnehmen kann, die nichts weniger als antik ist. D'Orville muß also hier nicht genau genug beobachtet haben; er hätte bedenken sollen, daß zu verschiedenen Zeiten neue Gebäude an dieses Theater angestoßen worden sind, und daß man sogar an Schießlöcher zur Vertheidigung daselbst angebracht hat. Es ist nur zu wohl bekannt, daß dieses kostbare Monument bey einigen Gelegenheiten unglücklicher Weise, wie eine Festung behandelt wurde, worin man zu Kriegszeiten Belagerungen aushielt, wie solches z. B. noch vor etwas länger als einem Jahrhundert bey dem Aufruhr zu Messina im Jahr 1678 geschah. Die Franzosen eroberten, nachdem sie sich von der Stadt Meister gemacht hatten, verschiedene Forts in der umliegenden Gegend, unter andern la Scaletta, Sant'Alessio, Taormina, welche von den Spaniern vertheidigt wurden.

Maffei spricht in seiner Beschreibung des Schauspielhauses zu Oranien von ähnlichen Gebäuden, und glaubt, sie seyen zu gleichem Zwecke bestimmt gewesen. *)

Das inwendige vom Theater, nämlich der Platz, wo die Bühne selbst war, bestand aus einem ebenen Raum, der eine etwas mehr als halb zirkelförmige Gestalt hatte, und fieng da an, wo die Sitze der Zuschauer aufhörten. Dieser Raum hatte in allen Schauspielhäusern der Alten mehrere Abtheilungen, nämlich das Orchester, die Thymele, das Proscenium und das Pulpitum; griechisch λογειον, oder der Bühne selbst.

Das Pulpitum war, nach Maffei, meist von Holz und Dielen; und nach dem Ansehen des Theaters von Taormina zu urtheilen, scheinen diese Dielen an der Vorderseite noch mit Mauerwerk versehen gewesen zu seyn. Man darf folglich sich nicht wundern, wenn hier das Proscenium sehr enge erscheint, weil das ganze Holzwerk nicht mehr vorhanden ist. Unter diesem Theil des Gebäudes flossen alle Wasser vom Theater weg, wozu gewisse Oeffnungen angebracht waren, die man noch findet, und die in große gewölbte Wasserbehältnisse außerhalb der Vorscene leiteten. **)

Dieser

---

*) Haec vero aedificia rever- inservierunt variis scenicis et Theatralis usibus. Hic fuerunt Choragia, sive loca ubi Choragi adparatus erat. Hic machinae scenicae. Hic ipsi Histriones et Chori parabantur. Hic illi commorabantur, donec in scenam prodirent. Erant quoque Odea ubi canebatur: erant *strategea*, in militares usus destinatus locus, vel prope Theatrum, vel ipsius Theatri membra. Vitruvius, Lib. V.

**) Das Orchester war, wie man weiß, der niedrigste Platz in den Schauspielhäusern der Alten, der Ort, wo bey den Griechen
die

Dieser prächtige Theil des Gebäudes wurde noch durch drey Arkaden oder Hauptthore verschönert, deren Zahl bey den Schauspielhäusern der Alten nicht bestimmt war, denn sie hatten zuweilen eine einzige, zuweilen fünf Hauptpforten, wie z. B. das Theater von Oranien. Vitruv spricht indessen nur von drey Hauptthoren, von welchen jedes, wie er angiebt, seine besondere Benennung hatte. Das mittelste und beträchtlichste hieß *Aula regia*, und mußte gleich dem Portal eines königlichen Pallasts verziert seyn, die beyden andern aber wurden *Hospitalia* genannt. *)

Wir ließen den Grundriß dieses Schauspielhauses an Ort und Stelle aufnehmen, und fanden sehr wenige Abweichungen von dem Grundriß, den d'Orville in seinem Werke geliefert hat. Der einzige etwas beträchtliche Unterschied fand

sich

die Tänze aufgeführt wurden, und die Pantomimen, wo bey den Römern die geehrtesten Personen, die Vestalinnen, der Prätor und die Magistratspersonen saßen. Thymela war der Sitz derjenigen, welche Instrumente spielten; Proscenium, Vorscene, war eine künstlich gebaute Erhöhung, welche das Theater vor den Zuschauern begrenzte, und das Pulpitum war die Bühne selbst, oder derjenige Platz, worauf die Vorstellungen gegeben wurden. — Alles dieses findet man in d'Orville ausführlich beschrieben.

*) Vitruv sagt nämlich im 7. Kapitel des 5. Buchs: Ipsae autem scenae suas habeant rationes explicatas ita, uti mediae valvae ornatus habeant aulae regiae: dextra ac sinistra hospitalia: secundum autem ea spatia ad ornatus comparata. Quae Loca graeci περιακτους dicunt, ab eo, quod machinae sunt in iis versatiles trigonos habentes: in singula tres sint species ornationis, quae cum aut fabularum mutationes sunt futurae, seu deorum adventus cum tonitribus repentinis versentur, mutentque

sich bey den zwey Gebäuden an beyden Seiten der Vorscene, die wir nicht für antike Konstruktionen erkennen konnten.

Die Schauspielhäuser waren bekanntlich bey den Alten überhaupt, und besonders bey den Griechen, der allgemeine Versammlungsort des Volks, der Ort, wo alle öffentliche Angelegenheiten verhandelt, Feste gefeyert, und öffentliche Vorstellungen gegeben wurden; sie mußten daher dauerhafte, feste Gebäude seyn, und sie scheinen auch noch überdies meist von sehr prächtiger Bauart gewesen zu seyn, so wie das Theater von Tauromenium, das wir so eben beschrieben haben.

Die Gattungen von Fußgestellen oder Grundmauern, welche noch jetzt vorhanden sind, und vor und um die Vorscene herumlaufen, konnten nichts anders seyn, als Stybolate von Säulen, welche die schöne und prachtvolle Fassade zierten,

que speciem ornationis in frontes. Secundum ea loca versutae sunt procurrentes, quae efficiunt una a foro, altera a peregre aditus in scenam.

Perault in seinem Vitruv. S. 167 hat diese Stelle folgendermaßen übersetzt und umschrieben: Die Scene soll so angelegt und eingetheilt seyn, daß in der Mitte eine Pforte angebracht werde, die den Pforten eines königlichen Pallasts gleicht, zur rechten und zur linken aber zwey andere Thore für die Fremden. Hinter diesen Pforten soll man die Dekorationen setzen, welche die Griechen wegen der Maschinen in Form eines Triangels, die sich drehen lassen, περιακτους nennen. Jede Maschine soll dreyerley Gattungen von Dekorationen enthalten, um, je nachdem man sich dreht, Veränderungen zu zeigen; denn dies ist erforderlich bey den Vorstellungen aus der Göttergeschichte, als z. B. wenn man Götter mit schnellem Donner erscheinen lassen will. Jenseits der Scene sollen hervorlaufende Gänge angebracht werden, von denen jeder wieder einen Eingang bilden soll, der eine, um von den öffentlichen Plätzen ins Theater zu kommen, der andere um vom Felde dahin zu gelangen.

zierten, die Pfeiler, deren Ueberbleibsel noch sehr deutlich zu sehen sind, beweisen dieses unwiderlegbar; denn diese mußten mit den Säulen abgewechselt haben.

Die drey großen Oeffnungen, welche man an dieser Ruine noch findet, und von denen die mittlere um sehr vieles größer ist, als die beyden andern, waren wohl nichts anders, als die drey Hauptthore, und die Säulenrümpfe und Kapitäler, die noch auf dem Platze liegen, gehörten sehr wahrscheinlich zur Unterstützung der Karnisse oder des Kranzes, welcher längs der Vorscene hingelaufen seyn mag. Man erkennt an diesen Säulenstücken noch ihre Ordnung, und kann daraus auf die Art der übrigen Verzierungen schließen.

Wir wagen übrigens nicht zu entscheiden, ob diese Pforten oder Arkaden, wie Cl. Perault nach der angeführten Stelle Vitruvs urtheilt, bestimmt gewesen seyen, die Dekorationen des Stücks dort anzubringen, oder ob nach der Meinung des Markis Galiani diese triangelförmigen Rahmen zu beyden Seiten der Vorscene ihren Platz hatten, wie er aus der Einrichtung des Herkulanischen Schauspielhauses schließen zu müssen glaubt.

Uns scheinen sie wenigstens zu diesem Zweck sehr unbrauchbar gewesen zu seyn, und es ist uns fast unbegreiflich, wie es hätte möglich seyn sollen, solche weitläuftige und große Arkaden, so schnell, wie dies bey unsern Theater-Veränderungen geschieht, mit abwechselnden Dekorationen durchaus zu bedecken und zu überziehen. Nichts ist überdies vermögend, uns hierüber bestimmte Aufklärung zu verschaffen, weil sich die alten Schriftsteller über diesen Gegenstand nie ganz deutlich herausgelassen haben.

Ein

Eine einzige Stelle Ovids könnte auf die Vermuthung leiten, daß die Alten sich eben so wie wir, bey ihren Schauspielen solcher Dekorationen bedient haben, die man aus dem Grund des Theaters aufziehen könnte; allein Ovid sprach hier von einer Gewohnheit seines Zeitalters, welches bekanntlich weit jünger ist, als das griechische, und von einer Anordnung, die wohl nie auf jenen ungeheuren Theatern ausführbar gewesen seyn würde. Diese merkwürdige Stelle befindet sich in der Metamorphose, wo der Dichter erzählt, daß Cadmus, als er die Zähne der Schlange, auf Minervens Befehl gesäet hatte, bewaffnete Männer aus der Erde hervorwachsen gesehen, und mit diesen die Stadt Theben erbaut habe.

Sic, ubi tolluntur festis aulaea Theatris,
Surgere signa solent, primumque ostendere vultum,
Caetera paullatim; placidoque educta tenore
Tota patent; imoque pedes in margine ponunt.

Metamorph. L. III. Vol. CX.

Unmöglich können wir unsern Lesern einige Nachricht von der Art der äußern Auszierung dieses antiken Gebäudes auf der Außenseite gegen den Aetna zu mittheilen; unmöglich können wir mit Grund, wie d'Orville versichern, daß ein Säulengang dort herumlief; denn jener ganze Theil des Gebäudes ist gänzlich in Trümmer zerfallen. Eine Schönheit aber, die keine Veränderungen der Zeit der Stelle, worauf dieses ehrwürdige Denkmal des grauen Alterthums steht, zu entreißen vermag, ist die vortreffliche Aussicht, in jene unermeßlichen Gegenden, die man vom Theater und noch
mehr

mehr von den Terrassen aus erblickt, welche den Berg umgeben. Ein erhabnes und bewundernswürdiges Gemälde!*)

Wenn man je mit Wahrheit sagen kann, daß es auf unserer Erde Aussichten von einem Umfang und von einer Schön-

*) Da der Grundriß dieses vortrefflichen Denkmals der Vorzeit in Herrn Bartels Briefen über Kalabrien und Sizilien befindlich ist, und sich vermuthen läßt, daß dieses schöne Werk den mehresten Lesern bekannt seyn werde, so verweise ich Liebhaber an selbiges, und füge hier nur noch einige Stellen aus den Bemerkungen dieses Reisenden zur Vergleichung mit obiger Beschreibung für diejenigen bey, die Herrn Bartels Briefe nicht selbst besitzen. „Hier stehe ich," sagt er, „unter eingefallenen Ruinen im großen Thor des Schauplatzes, und über mir hängen Mauerstücke und architektonische Ornamente, die jeden Augenblick einzustürzen drohen. Vor mir habe ich den Prospekt des ruhigen Meers, übersehe einen Theil der rauhen verwickelten Felsen, auf denen die Stadt und einige Kastelle erbaut sind, sehe hinaus über schöne Felder und Haine von Fruchtbäumen, und mit majestätischem Ernst schaut in blauer Ferne der Etna über sie her, der eine von den Sonnenstrahlen vergoldete Dampfsäule trägt; kleine Fischerböte spielen auf dem Meer umher und der Gesang der Fischer steigt mit dem Getöse der ans Ufer schlagenden Wellen aus der Tiefe hervor. Mit diesem Lärm vereinigt sich ein Geräusch, das aus der Stadt herübertönt, und ein seltsames Gemisch von Harmonie und Disharmonie verursacht. Ein starrer Fels ist der Boden, auf dem ich stehe, und der das Theater trägt, das sich an einen andern gegenüber liegenden Felsen lehnt. Hinter mir sind Ruinen, durch die ich schnell hineilen muß, um die Höhe des Felsen zu erreichen, auf dem die äußere Mauer dieses kolossalischen Gebäudes ruht. Hier ist der Anblick verändert. Die Mauer des Theaters deckt die Aussicht nach dem Etna hin; aber dafür zeigen sich andre Schönheiten. Das zwischen den Bergen Kalabriens und Siziliens zusammen gedrängte Meer scheint ein Fels, dessen Ufer alle Reich-

Schönheit gebe, die die Kunst zu erreichen unfähig sey, so kann man wohl vorzüglich die Aussicht von dem Theater zu Taormina auf den Aetna zum Grunde dieser Behauptung legen.

Man

Reichthümer der Erde tragen. Messina gleicht einer Menge von Sommerpaläsen, die dem Auge kaum bemerkbar sind, und in einem Eldorado liegen. Die Wälder und Ebenen Kalabriens, nicht minder schön und reich, machen den Hintergrund aus; die hohen Berge gleichen dem Throne des Fürsten zu dessen Füssen Reggio, wie ein Vasalle zu den Füssen des Throns seines Regenten sitzt, und ein Schiff mit vollem Segel zieht ruhig durch die Meerenge hin, und gleicht von hieraus einem Federballe, mit dem die Wellen spielen, und das, so groß, kunstvoll und verwickelt auch sein Gebäude seyn mag, doch unter den stolzen Schönheiten der Natur sich verliert, und mit der Größe des Anblicks in eben dem Verhältnisse steht, wie ein Punkt mit dem Kolosse des Etna. Es ist traurig, daß man jezt so wenig auf Erhaltung dieser wichtigen Ruinen sieht, seit 1748 ist nichts mehr dafür geschehen; damals aber sicherte man sie durch wichtige Unterstützungen vom völligen Untergange, wie eine Inschrift gleich beym Eingange sagt, in welcher man die Sarazenen als Zerstörer dieses Theaters angibt. — Hier äußert Bartels die Meinung, daß diese es nicht allein, sondern auch die vielen späteren Kriege und Unruhen gewesen seyen, und vielleicht auch die ersten Christen, welche glaubten, alle heidnische Alterthümer zerstören zu müssen. Das wichtigste Stück, nämlich die Bühne, fand H. B. ganz mit Schutt und großen umgerissenen Mauerstücken bedeckt, so daß man wenig davon mehr sah. Eben so war von den sechs Nischen an den 3 Thoren zu beyden Seiten eine umgestürzt. — Es soll jezt ein geheimes Tribunal in Sizilien niedergesezt seyn, dessen Bestimmung einzig Erhaltung der schönen Denkmäler des Alterthums ist. — Ehrwürdig traurig ist der Anblick des Theaters; aus der Zerstörung leuchten noch deutliche Spuren von ehmaliger Pracht und Stärke hervor

und

Man stelle sich auf dem ersten Plan des Gemäldes ungeheure Felsen vor, die sich bis in die Wolken erheben, und der heutigen Stadt Taormina zum Wall und zur Schutzwehr dienen, welche amphitheatralisch auf einer zirkelförmigen

Fläche

und Bruchstücke von seltner architektonischer Schönheit und prächtigem Marmor geben der Einbildungskraft hinlängliche Nahrung, um sich die Majestät dieses kolossalischen Gebäudes, wie es noch in seinem vollen Glanze, gestüzt auf zwey Felsen, da stand, lebhaft darzustellen. Besonders grub man in den Jahren 1748 und 1749 eine Menge von Säulen aus dem schönsten Marmor, von Kornischen, Architraven, Kapitälchen und Verzierungen aller Art aus, und fand im Innern des Gebäudes eine Menge kleiner Marmortäfelchen, mit denen wahrscheinlich die innere Mauer von Backsteinen ausgelegt war, an der man hier und da noch schwache Spuren einer ähnlichen Bekleidung findet. Alle diese Ueberbleibsel liegen theils noch in Stücken umher, theils sind sie zu Gebäuden, Kirchen und Palläsien verwendet. Ein freyer Platz lag ehmals vor dem Theater am Abhange des Felsen, und Seitenwege führten zu demselben hinauf. Geebnet war dort die Pläne und ein Säulengang kündigte die Pracht des Ganzen an. Diesen findet man fast bey allen öffentlichen Gebäuden des Alterthums. Ein majestätischer Anblick, wenn das Gebäude frey stand und noch um desto schöner, da die Alten so genau mit den Proportionen der Säulen bekannt waren, und eine beneidenswerthe Kunst in ihrer Stellung und Vertheilung bewiesen. — Man soll noch eine Menge von Piedestälen, Ueberreste dieses Korridors, in der Erde finden. — Vor dem Herkulanischen Theater war ein ähnlicher Säulengang. — Dann folgt die Fassade des kolossalischen Gebäudes. Sie besteht aus der ganzen Breite der Bühne, in welcher sich drey Thore, zwey kleinere und das Hauptthor befanden. An beyden Seiten der Bühne lagen noch, vermuthlich zur Bequemlichkeit der Schauspieler, beträchtlich große Zimmer, die zur ganzen äussern Breite der Fronte und innern Breite des Theaters gerech-

net

Fläche am Fuße des einen Felses liegt. Von hier aus erstreckt sich die Aussicht auf eine weite Bucht, an deren Ende der Fluß Alcantaro, ehmals Onobla fließt. Weiter hin sieht man reiche Triften, welche den unermeßlichen Fuß des

net werden müssen. (Dies sind wohl eben die Baustücke, welche Maffei oben angiebt, Herr de Non aber für moderne Gebäude hält.) Sie bestehen aus einer Grundetage und zwey höhern Stockwerken, und sind, wie das ganze übrige Theater, von Backsteinen erbaut, überdies gewölbt, und einst al Fresco gemalt gewesen, wovon sich noch schwache Spuren finden. Von dem obern Stockwerk derselben führte eine Kommunikationsgallerie längs der hintern Blendewand der Bühne. Der Haupteingang für die Zuschauer war nicht durch die vordern Thüren, sondern sie giengen theils durch Seitengänge, wo Treppen durch die Felsen getrieben waren, die zu den Sitzreihen führten, theils liefen von der Höhe des Felsen eine Menge Wege auf den äußern Portikus, der das Theater umgab, und verschiedene Gänge, Vomitoria genannt, führten dann sogleich auf die Sitzreihen. Die ganze äußere Form des Theaters ist ein halber Zirkel, also nicht elliptisch, wie bey dem Theater im Herkulaneo. Die innere Mauer ist von Backsteinen, ohngefähr 6 Fuß breit und mit Nischen geziert, von denen einige oben spitz, andere rund geformt sind. Auf diesen ruhte eine Gallerie von Pilastern, nicht, wie einige behauptet haben, auf Säulen, und die ganze Breite derselben ist ungefähr 13 Fuß. Ein zweyter Portikus bezeichnet den ganzen Umfang des Theaters und in diesem korrespondirten wahrscheinlich alle Vomitorien mit den Eingängen der innern Mauer. (Diesen will Herr de Non auch bezweifeln.) Es läßt sich darüber jetzt nichts mehr entscheiden, da nur wenige Spuren von diesem äußern Portikus mehr übrig und die Mauern größtentheils eingestürzt sind. Die Basis desselben war die Höhe des Felsen, nur ein freyer Platz gieng noch umher, von dem man die schönste Aussicht, die man sich nur denken kann, genießt, wo, wie d'Orville ganz recht vermuthet,
com-

des Aetna decken, und ihm zur Zierde gereichen, höher hinan dicke Gehölze, die seine mittlere Region umgeben, und endlich den ewigen Schnee in den höchsten Gegenden des Berges, dann seinen sich im Luftraum verlierenden und Ströme von Rauch hervorspeyenden Gipfel.

commodissime ambulationes per viridaria, quae desiderat Vitruvius, locum habere potuerint. In der innern Mauer findet man 10 Eingänge, oder Vomitoria. Sie führen unmittelbar auf die Sitzreihen, die parallel mit der Mauer laufen, und man steigt zu ihnen auf kleine Treppen hinab. Diese Bänke selbst, oder eigentlicher zu reden, der Platz dieser Bänke, von einer Treppe zur andern, hieß vordem seiner Form nach cuneus. Die Zahl derselben läßt sich hier nicht mehr bestimmen, weil sie ganz zerstört sind. Daraus kann man schließen, daß die Behauptung, sie seyen in den Fels gehauen gewesen, falsch sey. Der harte Fels würde eine solche Behandlung, wo nicht unmöglich, doch äußerst schwer gemacht haben. Der Boden war jetzt mit Schutt bedeckt und hie und da lagen noch Ueberreste von den Sitzen, die aus Stein gehauen, vor dem aufgemauert und mit Marmor bekleidet gewesen waren. Drey Absätze entdeckt man noch deutlich und ich glaube, daß jeder derselben aus neun Sitzreihen bestand, so daß also im Ganzen 27 waren. Auf den vordersten Bänken waren die Plätze für die Angesehenern, die der Bühne zunächst waren, und also nicht erst nöthig hatten, durch die ganze Reihe von Plätzen hinabzusteigen, sondern vom Dichester aus zu ihren Sitzen giengen. Eine kleine Barriere trennte sie vom Orchester, das bis an die Theaterdekorationen fortlief. Von der äußern Mauer, bis an die Dekorationen hin zählte ich 84 Schritte. Das Orchester war breit, wie die innere Façade des Gebäudes, die Zimmer der Schauspieler an beyden Seiten abgerechnet, und tief, bis zu der innern Einhölung der halbzirkelförmigen Sitzreihen. Von der eigentlichen Bühne ist nichts da, als die Dekorationen, oder vielmehr, es befind'n sich an der innern Wand der Façade des Theaters drey verschiedene

Absätze

Von einer andern Seite, und wenn man sich gegen das mittägliche Sizilien wendet, stellen sich die lachenden Ebenen von Leontium dar, die sich bis ins Meer hinab erstrecken, und verschiedene Vorgebürge bilden, zwischen denen sich wieder eben so viele, eines das andere an Schönheit übertreffende Thäler zeigen, als z. B. das von Catanea, von Augusta, kurz bis hinab zur Ebene, auf welcher Syrakus liegt, und die sich im Dunste der Entfernung verliert.

Dies Absätze, und die mittlere von diesen waren, an beyden Seiten der mittlern Thüre mit vier Kolonnen geziert, die sich noch beynah ganz erhalten haben; diese waren von Marmor und der korinthischen Ordnung. Hinter diesen Kolonnen sieht man an jeder Seite in der Mauer drey Nischen, eine große und zwey kleine, die wahrscheinlich zur Aufstellung von Statuen dienten. Dann folgte die kleinere Thür und gleich neben dieser, eine schmale, dreyeckicht geformte Nisch so hoch wie das Thor selbst, die, wie ich glaube, zu den verschiedenen Maschinen bey den Dekorations-Veränderungen gebraucht ward. Die hintere Mauer besteht daher aus nichts als Verzierungen. Die drey äußern Hauptthore führten unmittelbar zu diesem Dekorationsplatz, und die Schauspieler kamen also durch diese aufs Theater, und von selbigem hinweg. Die unterste von diesen Dekorationsstufen hatte mit den untersten Sitzreihen gleiche Höhe.

Es ist also an und vor sich ganz wahr, daß alles, was zur wesentlichen Form des Theater-Gebäudes gehörte, sich an dem Theater zu Taormina vollkommen erhalten hat, und nur das ruinirt ist, was accidentell war, was vielleicht von Holz aufgebaut worden und sich folglich nicht erhalten konnte. Man erinnere sich hier an den verschiedenen Gebrauch der alten Theater; sie wurden nicht blos zu Schauspielen, sondern zu Volksversammlungen, zu Harangen der Redner des Volks, zu Opfern u. s. w. gebraucht. Nur wenn Schauspiele gegeben wurden, hatte man das Pulpitum oder die Bühne nöthig, sonst wurde

sie

Dies ist die Aussicht von dem vortrefflichen Theater von Taormina, dies der Anblick, der sich den Zuschauern von den obersten Sitzreihen darbot!

Die Ruinen eines alten Monuments zu Taormina, insgemein die Naumachie genannt.

Kaum vermochten wir uns von dem Theater loszureissen, um wieder in die Stadt zurück zu kehren, woselbst uns noch verschiedene Alterthümer zu besehen übrig waren.

H 4 Der

sie weggenommen, und das Orchester blieb frey. Unter dem Orchester sind grosse Gewölbe, die die Form eines liegenden T haben, und von denen verschiedene Oeffnungen ins Theater gehen. Eine Queermauer an beyden Seiten, die zur Befestigung der hölzernen Bühne gedient zu haben scheint, bestätigt die Meinung, daß diese Gewölbe dazu dienten, um das Gerüste, worauf die Schauspieler spielten, aufzuschlagen. Bey der Form des unterirdischen Gewölbes, bey welcher Herr von Riedesel in seiner Reisebeschreibung einige Schwierigkeiten findet, halte ich mich nicht auf, man trieb die Oeffnung so tief in den Felsen hinein, als man ihrer bedurfte, um den theatralischen Apparat zu bewahren. Das hölzerne Gerüste hatte gleiche Höhe mit den beyden untersten Sitzen. Der Umfang des ganzen kolossalischen Gebäudes im Innern war ungefähr 500 Fuß.

Der Effekt desselben in seiner vollen Pracht übersteigt gewiß allen Glauben! alles war mit Marmor bekleidet, die prächtigsten Kolonnen standen umher, in den 36 Nischen in der innern Mauer waren wahrscheinlich Statuen aufgestellt, kurz die höchste Schönheit war mit der edelsten Simplicität verbunden. Die ausgebreitetsten Kenntnisse zeigte überdies der Künstler unstreitig in der ganzen Ausführung; alle Irregularitäten im Innern

rühr-

Der erste Ort, wohin man uns brachte, war das Kapuzinerkloster, bey dessen Eingang eine alte Wasserleitung befindlich ist, die man aber durch neuere Zusätze, welche das antike Gebäude verdecken, unglücklicher Weise verdorben und es dem Beobachter unmöglich gemacht hat, eine genaue Beschreibung davon zu liefern.

Alles, was wir davon wahrnehmen konnten, war dieses, daß das Wasser von verschiedenen Seiten herbeykam, und an der Stelle, wo es sich vereinigte der Kanal so geräumig war, daß ein Mensch durchschwimmen konnte.

Höher rührten von dem irregulären Felsen her, und auch diese mußte er geschickt zu verstecken, und den Nachtheil, der unvermeidliche Folge desselben war, so wenig wie möglich merklich zu machen. Die Lage, die der Künstler für sein Gebäude wählte, ist ein neuer Beweis seines Scharfsinns. Er benuzte geschickt die innere Hölung des Felsen, und nahm die Pyramide des Aetna zum Prospekt. Ich habe nie einen bezaubernderen Anblick gesehen, als den von den obersten Sitzreihen auf diesen rauchenden Koloß. Ob aber diese Aussicht das Auge des Zuschauers nicht oft vom Spiel des Akteurs wegzog, ist eine andere Frage, besonders war dies wohl bey Feuerauswürfen der Fall, die man von hieraus deutlich und ohne Furcht sehen konnte. Die Würkung des Schalls an diesem Theater ist außerordentlich. — Für bloßen Zufall dies erklären zu wollen, hieße den Knoten zerschneiden, nicht lösen, wahrscheinlicher scheints mir, daß der Baumeister gewisse Regeln bey der Verbreitung des Schalls befolgte: daß sie uns unbekannt sind, ist kein Einwurf gegen ihre Existenz. — Die oben angegebene Meinung, daß Vasen oder Vasenscherben in den Nischen zu diesem Behuf angebracht gewesen seyen, scheint Hrn. Bartels ungegründet. Das Alterthum des Theaters glaubt er, wegen der zirkelförmigen Bauart, der korinthischen Säulenordnung, und der Backsteine, nicht höher, als in die Zeiten hinaufsetzen zu dürfen, da Taormina eine Bundsgenossin der Römer wurde.

Höher hinauf waren einige andere Aquadukte vermuthlich dazu bestimmt, um fünf sehr geräumige Fischteiche mit Wasser zu versehen. Der erste von diesen Fischbehältern war noch ganz unversehrt vorhanden, und man konnte von diesem auf die Struktur der vier andern schließen, die gegen den Berg hin liefen. Alle diese Teiche waren zwar kleiner, aber doch übrigens ganz nach dem Geschmack der oben beschriebenen Piscina mirabile zu Bajä angelegt; der sie sogar entweder zum Muster gedient haben konnten, wenn es griechische Werke waren, oder von welcher sie vielleicht eine Nachahmung sind, wenn sie Römern ihr Daseyn verdanken. Eine Sache, die sehr schwer, ja unmöglich mehr ins Klare gesezt werden kann.

Diese Fischbehältnisse bilden lange Vierecke mit Schwibbögen, die auf Pfeilern ruhen. Man entdeckt daran noch Oeffnungen, wodurch das Wasser hineinquoll, und andere, wodurch man den Ueberfluß desselben ableitete, auch ist noch die Treppe vorhanden, woran man hinabstieg und endlich die Schleuße, mittelst welcher sie gänzlich ausgeleert werden konnten, um sie vom Schlamme zu reinigen.

Das Wasser von diesen sämmtlichen Fischteichen floß in eine, im Mittelpunkte der Stadt angelegte Naumachie, von welcher noch ansehnliche Ueberbleibsel vorhanden sind.

Dieses Kunstwerk des Alterthums ist mit eilf Fuß breiten Nischen oder Arkaden geschmückt, und diese sind wieder durch viereckichte hervorstechende Pfeiler von einander getrennt. Die ganze noch vorhandene Mauer von Backsteinen mag ehehin mit Marmor bekleidet gewesen seyn.

Wir fanden auf diesem Backsteingemäuer ziemlich deutliche Spuren von griechischen Buchstaben oder Karakteren; jedoch so verlöscht, daß man sie nicht lesen konnte. Einige andere Entdeckungen, die wir in den benachbarten Wohnhäusern machten, zeigten uns die Breite des Gebäudes, welche 24 Toisen und 2 Fuß beträgt, allein die Mauerspitzen, welche die Länge anzeigten, konnten wir nicht finden. Achtzehn von diesen Arkaden stehen noch aufrecht.

Das eigentliche Becken dieser Naumachie ist längst mit Erde angefüllt und mit Pomeranzenbäumen bepflanzt, und derjenige Theil, welcher für die Zuschauer bestimmt war, ist mit einer Mauer, oder vielmehr mit der Terrasse von einem Garten, und mit Rebenlauben und Gitterwerk umgeben. *)

Die Straßen der heutigen Stadt, die Höfe und die Häuser sind ganz mit antiken Mauerstücken, Wasserleitungen u. dgl. umringt, und viele Ställe zu Taormina sind noch mit Mosaik gepflastert, von welcher Gattung wir unter andern in einer Straße ein Bruchstück von außerordentlicher Dauer

---

*) Es ist sehr unwahrscheinlich, daß zu Tauromenium ehemals eine Naumachie gewesen seyn sollte, ohngeachtet dieses die allgemeine Meinung des Landes ist. Die Lage des Orts, wo man sie zu finden glaubt, und der jähe Abhang des Felsen zeugt gerade für die Behauptung des Gegentheils. Uebrigens trägt auch der noch existirende Theil der Mauern und Nischen keine Merkmale eines solchen Gebäudes an sich, dessen Form doch immer rund seyn müßte. Es ist vielmehr glaublich, daß diese mit Arkaden versehene Mauer zu irgend einem öffentlichen Gebäude gehörte, dessen Bestimmung uns unbekannt ist. — Bartels sagt von diesem Monument folgendes: Das größte Werk unter diesen Wasserbehältnissen ist die sogenannte Naumachie. Ob diese Ruinen

Dauer fanden. Es bestand aus Kieseln von verschiedener Größe, welche durch eine so starke Kütte vereinigt waren, daß man ein Stück davon sägen und poliren konnte.

Diese Komposition gab ein eben so glänzendes als festes Pflaster.

Die Kirchen zu Taormina enthalten nichts bemerkenswerthes, als allenfalls den Marmor aus dasiger Gegend, der darin mehr verschwenderisch als schön angebracht ist. Im Dominikanerkloster sahen wir einen großen Kreuzgang mit solchen Säulen von inländischem Marmor umgeben, der in der Nähe gebrochen wird; eine Bauart, die wegen ihrer Regelmäßigkeit gegen das wilde der umliegenden Gebirge sehr absticht.

Auf einer dieser Felsspitzen liegt die Ruine des ebenbeschriebenen Theaters und auf der andern das Dorf la Mola, welches dem Fürsten gleiches Namens zugehörig ist.

In- nen aber wirklich zu einer Naumachie, oder zu andern öffentlichen Gebäuden dienten, ist zweifelhaft. Alle die Spuren von innerer Verzierung machen es mir freylich nicht unwahrscheinlich, daß man sie mit Unrecht unter eine Klasse mit den andern Reservationen bringen würde, und ich bin nicht abgeneigt, sie für Rudera eines öffentlichen Gebäudes des Luxus zu halten; aber ich möchte eher an öffentliche Länder, als an Naumachien und Gymnasien denken. Da wir den ganzen Umfang des Gebäudes und dessen Form nicht mehr kennen; so läßt sich schwerlich etwas befriedigendes darüber sagen. Jetzt steht nur eine Seite mehr; voll von Bögen und Nischen. Bridone sagt, man glaube, daß das Gebäude ein großes, mit starken Mauern eingeschlossenes Viereck gewesen sey, welches man bey Gelegenheit mit Wasser füllen konnte, um Seegefechte und alle Schiffsübungen darauf vorzustellen.

In einer Kirche der Mönche, die auf einem öffentlichen Platze der Stadt liegt, trafen wir einige marmorne Bruchstücke von Inschriften an, die man fand, als der Grund eines Hauses gegraben wurde. Eine von diesen Inschriften schien uns merkwürdig; nämlich folgende:

Ο ΔΗΜΟΣ ΤΩΝ ΤΑΥΡΟΜΕΝΙΤΑΝ
ΟΛΥΜΠΙΝ ΟΛΥΜΠΙΟΣ ΜΕΣΤΟΝ
ΝΙΚΑΣΑΝΤΑ ΠΙΘΙΑ ΚΕΛΗΤΙ
ΤΕΛΕΙΟΝ.

Populus Tauromenii Olympum Olympii filium plenam victoriam in pithiis equo veloci perficientem.

Nahe bey dem Thor, das nach Messina führt, stößt man auf ein antikes Gebäude, worin ein Privatmann seine Wohnung aufgeschlagen hat, und das übrigens nichts bemerkenswerthes enthält. Vor dem Thor aber fanden wir eine Menge Gräber und andere Gebäude von dieser Art, woraus wir schlossen, daß diese Gegend der Stadt den Begräbnissen gewidmet gewesen seyn müsse. Das erste von diesen Grabmälern ist so gänzlich ruinirt, daß man unmöglich seine Form erkennen kann; man sieht indeß zwey zirkelförmige, mit weißem Marmor überzogene Bruchstücke, rechter Hand gleichfalls ähnliche Bruchstücke mit fast unmerklich hervorstechenden Feldern; auch konnten wir noch zween Säulenrümpfe von Matoni unterscheiden. Allein alles dieses ist so sehr mit Erde bedeckt und zerstört, daß es schwer werden würde, die antiken Mauerstücke von den modernen zu unterscheiden, welche auf dem nämlichen Boden erbaut worden sind.

Nahe

Nahe dabey war noch ein anderes großes Grabmal oder vielmehr eine Gattung von Tempel aus großen Quaderstücken auf drey umher laufenden Stuffen erbaut, welches man zu einer kleinen Kirche eingerichtet hat, und woran nichts von seiner vorigen Gestalt mehr sichtbar ist.

Dieses Grabmal war sieben Toisen lang und vier Toisen zween Fuß breit, allein man ist nicht im Stande zu erkennen, ob es etwas merkwürdiges enthielt.

Es sind da noch mehrere solche Grabmäler, die aber alle kleiner, viereckicht, mit Stuck überzogen und an den Winkeln mit Pfeilern versehen sind, sie stehen sämmtlich auf drey Stufen. Ihr Inneres faßt ungefähr das Maas von zwölf Fuß im Gevierte, und sie sind mit römischen Zieraten, nämlich mit Nischen für die Aschentöpfe, und mit einer solchen Nische für die Urne der Hauptperson versehen.

Wahrscheinlich hat man sie erst nach Cäsars Zeiten erbaut, welcher die ursprünglichen Tauromenier vertrieb und eine römische Pflanzung dahin sandte. Jezt dienen diese ehrwürdigen Alterthümer den Bauersleuten zum Aufenthalt für sich oder ihr Vieh.

Der Ursprung der Stadt Tauromenium ist unbekannt und verliert sich in die Nacht der Zeiten, doch ist zu vermuthen, daß sie in der vier und neunzigsten Olympiade, 403 Jahr vor Christo, damals als Dionys Naxos überwältigt und zerstört hatte, und die Einwohner jener Stadt nach Tauromenium kamen, sehr vergrößert worden seyn müsse.

Das Feld gegen Mittag liegt voll von antiken Baustücken; die indessen so unförmlich sind, daß sie blos als
Zeug-

Zeugnisse für die ehmalige Größe der Stadt betrachtet, einigen Werth haben. Gegenwärtig bewohnen sie 3000 arme Leute, die durch eine Steuer von 36,000 Franken noch immer mehr zum Bettelstab herabsinken müssen.

Aussicht auf den Berg Etna von dem Augustinerkloster zu Taormina.

Dieser furchtbare Berg, der allein schon eine ungeheure Landschaft umfaßt, und von den Höhen Taorminas ganz übersehen werden kann, dient dortselbst zum herrlichen Hintergrund des vortrefflichsten Gemäldes.

Die Amphitheatralische Bauart des kleinen, am Abhang des Felses liegenden Städtchens eröffnet mit jedem Schritt neue Aussichten und auffallende sonderbare Lagen; die der Maler auf manichfache Art für interessante Landschaftsstücke benutzen kann.

Die guten Bewohner dieses malerischen Klosters erzeigten uns alle nur mögliche Ehre, und wir würden uns gerne lange bey ihnen aufgehalten haben, wenn uns die heißbrenuende Sonne nicht vertrieben hätte.

Taormina ist, wie man uns versicherte, dem veränderlichsten Klima unterworfen, und ungeachtet der brennenden Sonnenhitze, die wir im Frühjahr schon da antrafen, soll es doch auch wieder Zeiten geben, wo die Kälte beynahe unaussprechlich ist. Man wird sich dies aber auch sehr leicht erklären können, wenn man die Lage der Stadt in Erwägung zieht, die an und vor sich hoch liegt und von Gebürgen umgeben ist, welche mehrere Monate des Jahrs hindurch mit Schnee bedeckt sind.

Auch

Auch die Nähe des Etna kann dazu beytragen, und läßt die Einwohner der Stadt oft Luftströme empfinden, die so rauh sind, daß man dort kaum das Sizilianische Klima vermuthen sollte.

Wir verließen Taormina und kamen zwey Meilen weiter an eine Art von Damm, den die Lava gebildet hatte. Allen Umständen nach muß dieser Strom von Lava, der von einer Eruption aus den ältesten Zeiten herrührte, einer der fürchterlichsten gewesen seyn, die je der Etna von sich spie, denn er erstreckte sich 25 Meilen weit von der Mündung des Vulkans, nämlich mehr als acht teutsche Meilen weit vom Centrum des Berges.

Etwas weiter hin findet man den Fluß Alcantaro, den ehmaligen Onobla, an dessen Ufer Naxos lag. Die Chalcidier waren die Gründer dieser alten Stadt, sie landeten daselbst und verjagten die Bewohner der Gegend ungefähr 700 Jahr vor Christo. Naxus ist also wohl eine der ersten Städte Siziliens, und auch zugleich diejenige, die der Tyrann Dionys unter allen am meisten zerstörte; denn er ließ sogar Häuser und Mauern der Erde gleich machen, und schenkte den Platz den Syrakusanern. Was noch übrig blieb, hat wahrscheinlich in der Folge die Lava verschlungen, die den ganzen Umfang der dasigen Gegend bedeckt und so kompakt ist, daß die Zeit weder ihre Natur noch ihre schwärzliche Farbe zu verändern vermochte. Sie ist zwar schwammartig, aber nichts destoweniger so hart, als die Schlacken des Vesuvs. *)

Wir

*) Man sieht im Diodor, daß der Etna eben diese Lava zur Zeit des zweyten punischen Kriegs, eben damals ausspie, als Syrakus

Wir reisten bis **Giari** in den Aschen des Etna und hielten daselbst unsere Nachtruhe. Je näher man dem Etna kommt, je fruchtbarer wird das Land. Die niedrigste Gegend ist in einer unermeßlichen Weite mit Flachs und Hanf angebaut und wird von vielen Strömen durchwässert, welches diesen Landstrich sehr ungesund macht. Dieses hindert inzwischen die erstaunenswürdige Fruchtbarkeit nicht. Die Weinberge, die Maulbeerbäume und übrigen Fruchtbäume aller Art scheinen da blos zur Lust zu wachsen. Es ist das Gemälde des goldenen Zeitalters, und man könnte hier fast in die Versuchung gerathen, zu glauben, daß ein Vulkan zur Glückseligkeit eines Landes wesentlich erforderlich sey.

Wir

kus von den Römern belagert wurde. Die Soldaten wurden durch diesen Lavastrom in ihrem Marsche gehindert, der schon, ehe sie an dem Fuß des Bergs ankamen, das Meer erreicht hatte und ihnen den Weg ganz verschloß — so daß sie um den Rücken des Etna zurückkehren und einen Umweg von mehr als hundert Meilen machen mußten. Er fügt noch bey, daß seine Erzählung sich auf Inschriften römischer Monumente stütze, die man auf dieser Lava gefunden habe, und daß sie überdies durch mehrere alte sizilianische Schriftsteller bestätigt werde. Da übrigens diese Eruption sich vor ungefähr 2000 Jahren ereignet hat und die Lava gewöhnlich mit der Zeit sich in fruchtbaren Boden umwandelt; so sollte man glauben, sie müsse hier wenigstens der Bearbeitung fähig seyn; allein sie ist es nicht; kaum einige Gräschen sprossen aus ihr hervor und sie ist weder zum Wein- noch zum Getraidbau tüchtig.

Zwar wachsen aus den Ritzen ziemlich dicke Bäume hervor, die mit vortrefflichem Erdreich umgeben sind, aber noch einige Jahrhunderte werden wahrscheinlich vergehen, bis die Eigenthümer von diesem ganzen Erdstrich Gebrauch machen können..

Abbildung des berichtigten Kastanienbaumes auf dem Astraz, welcher unter dem Nahmen Castam Paradis bekannt ist.

Wir fiengen an über die Höhe des Etna im Vergleich mit dem Vesuv zu urtheilen, den wir unlängst erst verlassen hatten. Obgleich dieser leztere Vulkan beynahe um die Hälfte näher bey Neapel liegt, als die Stelle, worauf wir uns eben damals befanden, vom Etna; so schien dieser ungeheure Berg dennoch über unseren Häuptern sich empor zu thürmen.

Unser Entschluß ward gefaßt; wir wollten ihn von der Seite der Stadt *Taormina* besteigen und auf dem Weg nach Katanea wieder herab kommen. Wir nahmen zu dem Ende einen Mann von *Giara* zum Führer, der gewöhnlich gebraucht wird, um den Schnee vom Berge herabzuholen, und begannen am 11. Jun. des Morgens unsere Reise.

Es war in der Nacht viel Schnee gefallen und hatte des Berges Gipfel bedeckt. Wir vermutheten das Schmelzen und ließen uns nicht abhalten.

Ein Zeitraum von drey Stunden war erforderlich, uns in Gegenden empor zu bringen, wo angenehmer Frühling herrschte, dessen Wonne die Thäler bereits verlassen hatte. Lachende Fluren, blätterreiche Büsche, erfrischendes Grün; eine junge lächelnde, Ueberflüsse vergeudende Natur empfieng hier unsere frohlockende Bewunderung. Etna lieh das Muster der Einbildungskraft der Alten, als sie *Elisium* und den *Orkus* sich schufen; alles, was die Natur großes, wunderbares und schreckliches hat, ist hier vereinigt, und Etna kann mit keinem ihrer übrigen Gegenstände verglichen werden.

Morgenbrod genossen wir in einer Hütte und vertrauten unsern Vorrath für den Abend den friedlichen Bewohnern derselben. Weinreiche Gegenden verließen wir nach einem

Weg von zwo Stunden; und jezt erschienen die hier und da gepflanzten Bäume größer. Reste eines alten Kastanienwaldes zeigten uns Stämme von ungeheurem Umfange, Geburten und Beweise der unglaublichen vulkanischen Befruchtung. Kolossalisch ragen sie auf bloßer Lava gegründet hervor und wurzeln durch gekrümmte Umschlingung jener unbeweglichen Steinmassen zu ewiger Dauer, unerschütterlich wie diese. Ihre Nahrung und ihren Saft suchen und finden sie in den Rizen der Lava und den Aschengängen. Erhöhtes Staunen faßt den Wanderer, kömmt er einige Schritte weiter, beym Anblick des ungeheuren Baumes Centum Cavalli, oder die sieben Brüder genannt. Alt, wie die Erde, steht hier ein einzelner Kastanienbaum, dessen Stamm gehölt ist bis an die Wurzel. Von seinem Wesen ist nichts mehr übrig, als die aus dem erstorbenen Stamm emporragende, in sieben Theile getheilte Krone und ihre ungeheuren Aeste, die selbst Bäumen gleichen und wieder andere große Aeste tragen. Sechs und siebzig Schritte fanden wir den Umfang des Stamms, den wir öfters umgiengen und maßen, fünf und zwanzig Schritte im größten und sechzehn im kleinsten Durchschnitt, und doch behaupten Kenner, er nehme, matt zwar vom Alter, aber getrieben von der Hize des Erdreichs, noch stets an Dicke zu. *)

Das Ansehen dieses Baums ist so monstros, daß man ihn mehr für ein Gebüsche mehrerer Bäume, als für das Erzeugniß eines einzigen Saamkorns halten muß. Nur nähere Untersuchung macht klar, daß sieben dicke Stämme aus
einem

*) Unter andern der Kanonikus Recupero, welcher ihn zu verschiedenen Zeiten gemessen und diese Erfahrung gemacht hat.

einem so beschränkten Umfang nicht emporschießen konnten, auch dienen die verschiedenen, gerade einander entgegenstehenden und doch in einem Centrum zusammentreffenden Ritze als Beweiß, daß es zuverlässig nur ein einziger Baum sey. Viele Jahrhunderte wurden erfordert, um ein Werk von solchem Umfang, von solcher Ausbreitung zu bilden, und Menschenalter zeigen ihn schon ohne merklichen Zuwachs. Er ist ein merkwürdiges Dokument für das Alter des Etna; denn wenn man die Zeit berechnet, welche erforderlich ist, die Lava eines Vulkans zur Vegetation geschickt zu machen, die Zeit, welche seit dieser ersten Befruchtung bis zum Zeitpunkt verfloß, da dieser Boden fähig war, einen solchen Baum hervorzubringen; die Zeit, diesen Baum zu seiner ungeheuren Dicke zu treiben, die Zeit der Abnahme seiner innern Kraft und endlich noch den Zeitraum seitdem man ihn in der gegenwärtigen Gestalt kennt; so kömmt eine ins Unendliche laufende Berechnung heraus, daß man es nicht wohl wagen darf, das Resultat davon anzugeben. *)

*) Nichts würde ungewisser seyn, als das Resultat aller solcher Berechnungen, die man über das Alter des Etna selbst und seine Erzeugnisse zu entwerfen sich beygehen lassen wollte. Der Vulkan speyt oft eine ungeheure Menge graue Asche von sich, welche die Lava mehrere Fuß hoch bedeckt. Diese Asche ist nichts anders, als ausgetrockneter Thon, der im Wasser wieder etwas von seiner Zügigkeit annimmt, und in eben dem Augenblick, da er aus dem Vulkan herausgeworfen wird, schon zur Befruchtung fähig ist. Man hat übrigens Ursache zu glauben, daß mehr als ein Seculum erforderlich sey, bis die Lava zur geringsten Vegetation zur Hervorbringung des kleinsten Mooses fähig wird; aber man hat den Umstand nicht mit in Berechnung gezogen, daß der Vulkan die neusten Laven mit thonartigen Aschen bede-

Man muß aber auch gestehen, daß dergleichen Riesengeburten ihr Daseyn dem Zusammenfluß vieler Umstände zu danken haben; als z. B. der Beschaffenheit des Orts, den Winden, dem Klima; denn in den höhern Gegenden des Berges erhält der nämliche Baum einen dünnen und schlanken Wuchs und scheint von ganz anderer Gattung zu seyn. Die Natur des Kastanienbaums ist so beschaffen, daß sein innerstes Mark sich verhärtet, steinicht wird, abstirbt, und daß dagegen die innere grüne Rinde und die äußere Schaale, die das Mark überleben, demohngeachtet so kraftvoll fortwachsen, daß sie ohne Zufluß des Stammes die größten Aeste zu treiben vermögend sind; denn obschon das Astwerk des eben beschriebenen Baums nicht mit der Dicke des Stockes im Verhältnisse steht; so hat es doch da, wo es am weitesten

bedecken und in kurzem, vielleicht hundert Jahre früher, fruchtbar machen kann, als die langsame Bearbeitung der Athmosphäre dieses zu bewirken vermag.

Thatsachen, die gewisser für das hohe Alterthum des Etna entscheiden, und zum Beweiß dienen, daß dieser Berg lange vor der Zurücktretung des Meers von diesem Theil Siziliens und vielleicht von der ganzen Insel, Feuer ausgeworfen habe, ist die Menge Lava, die man in mehreren Gegenden unten am Fuß des Berges antrift und die senkrecht mit Steinen bedeckt sind, als z. B. zu Aderno, Paterno, la Trezza u. dgl.

Ueberall erblickt man hier die wechselsweisen Erzeugnisse des Wassers und des Feuers, die sich von der Fläche des Meers an mehr als zweyhundert Toisen und von seinem Ufer an mehr als 30 Meilen in die Höhe erstrecken; man sieht noch ganze Lavaströme sich unter den Kalkbergen von Carcaci bey Aderno verlieren. Die vulkanischen Materien liegen hier unter einer mehr als fünfhundert Fuß tiefen Muschelerde verborgen.

sten lauft, noch acht und siebzig Schritte im Durchschnitt, welches mehr als 200 Fuß beträgt. Man hat im Innern des Baums eine häßliche Hütte von Lava erbaut, die nur 7 Schritte lang und 8 Schritte breit und eben so hoch ist. Warum mußte dieses elende Hüttchen nicht längst schon einem unter dem dichten Laubwerk errichteten einfachen Feldaltar Platz machen? Glücklicher hätte das Bild eines Heiligthums der Druiden nirgend erneuert werden können, als hier, wo das Schauervolle der Gegend, das Alter der Bäume, so ganz die Einbildungskraft zu den geheimnißvollen Opfern jener bekannten Gallischen Priester hinreißen. Gewiß der Baum ist ein Gemälde von den Riesengestalten der Cyklopen, denen die Dichter ihre Wohnungen auf dem Berge Etna angewiesen haben, und wenn auch die Natur inzwischen die Größe ihrer beseelten Kinder um vieles verringerte; so kann man doch mit Recht behaupten, daß sie bey den Bewohnern des Etna ihre ersten Modele unverändert beybehalten habe, und wenn sie stiefmütterlich den Cyklopen nur ein Auge gewährte; so gab sie eben so stiefmütterlich den Bewohnern dieses Berges rothe und schmerzhafte Augen, ja sie beraubt sie sogar als Greise häufig des Gesichts gänzlich. Vulkanische Lüfte, leichte fliegende Aschentheilchen sind es wohl vorzüglich, die ihnen die Fibern dieser zarten Organe verletzen; solche Theile setzen sich auf ihre Haut und geben diesen guten Leuten das Ansehen der Schmiedeknechte. Nichts destoweniger sind sie sanft und liebreich, freundlich und froh, wie die Kinder des Ueberflusses. *)

Regen

---

*) Diese Bewohner des Etna sind nicht, wie Gaselli sie schildert, grob und wilde, *horridi aspectu*. Ich fand hier, wie

in

Regen überfiel uns bey Centum Cavalli und schuf die verächtliche Bauerhütte für uns in einen willkommenen Zufluchtsort um. Das ganze Wolkenheer, das über den Thälern schwebte, hatte der Sirocowind gesammelt, und der Berg ward hierdurch plötzlich unsern Augen entzogen.

Heiter hoften wir nach herabgefallenem Regen den Gipfel zu finden, freuten uns schon im Voraus, daß der folgende Morgen nach gereinigter Athmosphäre uns den herrlichen Anblick, den wir zu erlangen wünschten, mit Aufgange der Sonne gewähren werde, und schritten, durch diese Hoffnung befriedigt, im Regen und Nebel dahin. Wirklich änderte sich auch nach Verlauf von zwo Stunden der Wind, und wir sahen mit Freuden die ungeheuren Wolkenmassen von Hügel zu Hügel tief unter unseren Füßen hinabfallen.

Schon hatten wir die Region der Fruchtbäume und des Getreides zurückgelegt; die Kastanienbäume verschwanden, Eichbäume kamen zum Vorschein und bald darauf Tannen und Birken.

Der

in allen Gegenden, wo die Menschen wenig von Fremden besucht und verderbt worden sind, eine Menschengattung im natürlichen Zustande, das, was man gute Leute nennt, aufrichtige, offenherzige und dienstfertige Menschen. Sie sind von schöner Gestalt, die reine und heitere Bergluft macht sie munter und lustig; die Weiber sind sehr artig, haben sehr weise Haut und lebhafte Augen; die Männer sind von der Sonne verbrannt, aber groß, gesund, zuvorkommend, freymüthig, dienstfertig; mit einem Worte man befindet sich in jenen Dörfern, die sehr bevölkert sind, unter einer vortrefflichen Menschengattung.

v. Riedesels Reise durch Sizilien. S. 132.

Der Berg entwickelte sich jezt nach und nach vor unsern Blicken, er schien uns mit jedem Schritte höher und größer zu werden. Jezt nahten wir allmählig den immerwährenden Schneemassen, und wir waren in jener Gegend, die man Regione scoperta nennt, und fanden den Gipfel des Etna allein höher, als den ganzen Vesuv, von der Meeresfläche an gerechnet. Rein und dünstefrey schwamm jezt der Aether über unsern Häuptern, nur die fürchterliche Rauchsäule stieg drohend aus Etna's Mündung empor. Wir eilten furchtlos hinan, als plözlich der treulose Sirocowind mit gedoppelter Wuth sein Wesen wieder anfieng und uns in Ströme von Nebel hüllte.

Blindlings langten wir also bey Cazotte an, einer Gattung von Obdach ohne Fenster und Thüren und bedienten uns gerne der harten Laven, die sie uns für Betten und Ruhstühle bot.

Verlassen hatten wir jene Gefilde der Blumen, jene Nachtigallenwäldchen, wir waren in die Regionen des traurigen Winters eingegangen. Nässe und Frost hatten uns überwältigt, und Bäume umhauen, spälten und Feuer machen zu lassen, war daher jezt unsere nothwendigste Anstalt, es wurde so heftig geschürt, daß die beyden Grundbalken der elenden Hütte in Brand geriethen. Wasser war nicht vorhanden; wir tranken Liquor, aßen Käs und räucherten uns am Rauch des grünen Holzes. In dieser erbärmlichen Lage brachten wir die Nacht hin. In Mänteln gehüllt, verließen wir jede Minute unsere Hütte und fragten die Gestirne: ob uns bald der Augenblick der Erlösung erscheinen und uns in den Stand setzen würde, unsere Reise fortzusetzen? Noch immer

mer hoften wir, mit Anbruch des Tages in der beeisten Region anlangen zu können. Verlangen und Ungeduld ließ uns alles wagen, und troz der entgegenstrebenden Witterung verfolgten wir unsern Weg in der festen Zuversicht, der Wind werde mit dem kommenden Tag eine andere Richtung nehmen.

Schon hatten wir einige Meilen weiter über Lavaströme, Trümmer umgestürzter Tannbäume, verhärtete Asche, schwarze mit Glaspünktchen vermischte Eisenschlacken zurückgelegt; hatten mehrere kleinere und größere, ältere und jüngere gleichförmige Hügel überstiegen; aber uns begegnete kein lebendiges Wesen, als Heerden von Ziegen, eben so wild, als die des Polyphem, und zu ewigem Winter verurtheilt.*)

Neue-

*) Alle Hügel sind da von einerley Natur und Gestalt, sie bestehen aus Schlacken und Asche in Form umgestürzter Trichter, am obersten Rande mit einem Loche, welches bald größer bald kleiner ist, und Crater genannt wird. Hamilton versichert, auf seiner Reise nach dem Etna an vier und vierzig solche kleine Hügel gezählt zu haben, deren einer neben dem andern aufgehäuft war, und die eine Kette um die mittlere Region des Etna auf der Seite von Taranea bildeten. Sie hatten alle eine Kegelgestalt und einen Becher, der bey einigen von außen und innen mit Bäumen bepflanzt war. Die Gipfel oder Spizen derjenigen von diesen Hügeln, die man für die ältesten halten kann, sind ausgeschlißt und folglich weiter und weniger tief als die Kratere derjenigen, die durch neuere Explosionen entsprungen sind, und welche noch ihre vollkommene Kegel- oder Pyramidenform haben.

Neue Wolken hatten indeß dem kommenden Tage das Licht benommen, und voll Aergerniß sahen wir uns gezwungen, zurückzukehren zu unserem traurigen Lager.

Vergebens erwarteten wir hier Aufklärung des Himmels bis zur Mitte des Tags; dichter wurden die Wolken mit jedem Augenblick, unser Vorrath war aufgezehrt, und mit Verdruß mußten wir die Belagerung aufheben; nur die Hofnung baldiger Zurückkunft war Trost für unsere Verlegenheit. Als wir zu Pferde zurückkehrten, war die Finsterniß so dichte, daß wir uns und den Weg nach Catanea kaum erkennen konnten. Unser Weg gieng diesmal an der Seite des Berges nach Tre Castagne zu, und alles, was wir während einer dreystündigen Reise beobachteten, war, daß er weniger beschwerlich ist, als der gestrige Herweg. Wir durchwadeten Aschengegenden, die bald weicher, bald fester, bald grau, bald schwarz, bald röthlich waren; die röthliche Asche war die festeste, die gelblichte die weichste und die älteste, leztere schien ein aus alten vulkanischen Materien entstandener Schleim. Donner brüllte von ferne, nur dumpfe Schläge hörten wir. Aber als wir weiter hinabkamen, bedeckte uns die Gewitterwolke ganz, und schrecklich war jezt des Donners Geprülle, hundertfaches Echo verstärkte sein Brausen aus jedem Thale; er glich einem mit Bombenschlägen vermischten Lauffeuer. Nie konnte eine Reise übler ablaufen, als diesmal die unsrige. Der Nebel war inzwischen Hagel geworden, und dieser wandelte sich wieder in einen Regen, der uns an unsere Abreise von Neapel erinnerte, denn seit dieser hatten wir keinen Regentropfen mehr gefühlt.

Wir

Wir sezten nichtsdestoweniger durch den Regenguß unsern Weg fort, ob er schon so dichte war, daß wir keinen Schritt weit voraussahen; bis er endlich dünner fiel und wir plötzlich bey dem herrlichen Anblick staunten, den uns nach zertheilter Finsterniß das von der Sonne beglänzte Meer mit seinen Ufern darbot; doch begleitete uns Regen bis wir nach Tre Castagne kamen.

Drittes Kapitel.

Das Dorf Tre Castagne und die Aussicht von
dem Kapuzinerkloster auf den Etna.

―――

Tre Castagne ist ein beträchtliches Dorf und nährt dreytausend Seelen. Es erhielt sein Daseyn auf einem der ältesten Vulkane, umgeben von vielen andern, aber meist fruchtbar bis zum Gipfel, oder mit reizenden Kastanienwäldern bedeckt.

Die Kapuziner waren hier unsere Zuflucht, Stroh und unsere Mäntel waren unsere Betten.

Wir stiegen noch 12 Meilen weiter herab, um nach Katanea zu kommen, welches am Ufer des Meers liegt und am Abhang eines Kraters erbaut ist, dessen Alter, dem Alter der Welt gleich zu kommen scheint. Die Stadt ist von zween Lavaströmen eingeschlossen, bey deren Anblick man vor den Gefahren zittert, denen sie ausgesezt war, und vielleicht noch in Zukunft ausgesezt seyn wird, und vor dem traurigen Schicksal, das sie vor ungefähr hundert Jahren erfahren mußte. Gewiß nur die außerordentlich fruchtbare Lage und der ausnehmende Ueberfluß an Getreide kann fähig seyn, die Einwohner mit Muth, fast sollte man sagen, mit Starrsinn zu erfüllen, um sich immer von neuem wieder an einem Orte anzubauen, der außerdem wenig Vortheile der Lage für den

Handel

Handel gewährt, beynah ohne Hafen, ohne Flüsse, ohne Festungen, und täglich von neuen Unglücksfällen bedroht.

Gegenwärtig ist Katanea eine der schönsten und wohlgebautesten Städte Siziliens, hat schnurgerade Straßen, mit Säulen gezierte Marktplätze, reguläre Gebäude, ja sogar die meisten Häuser scheinen, so viel sich nach dem ersten Anblick urtheilen läßt, von edler Bauart zu seyn. Freylich muß man gestehen, daß es eben jene wüthenden Ausbrüche des Etna sind, denen Katanea seine gegenwärtige Pracht und Schönheit verdankt, weil eben diese Zerstörungen die Einwohner zwangen, die Gebäude wieder neu aufzuführen.

Vorzüglich schön nimmt sich die Stadt von der Seite des Hafens und am Seeufer aus. Ihr schöner Damm, die darauf gebauten prächtigen Häuser, der Pallast des Fürsten von Biscari; die Kirche und das Kloster der Benediktiner und in der Entfernung der furchtbare Berg, welcher das Gemälde begrenzt, dies alles zusammen genommen gewährt dem Auge die reichste Mannichfaltigkeit.

Diese alte und berühmte Stadt hat ohne Widerspruch unter allen Sizilianischen Städten am meisten Veränderungen von mancherley Art erlitten, denn außer den Unfällen, denen sie durch die Nachbarschaft des Etna ausgesezt ist, hat sie vielleicht eben wegen ihrer ausnehmenden Fruchtbarkeit noch mehrere von den verschiedenen Völkern erfahren müssen, die sich nach und nach in Sizilien niederließen.

Schon damals, als die Thyrer, durch das Interesse des Handels mit den Katanern angelockt, sich daselbst festsezten, war Katanea eine Stadt. Jene wurden durch die
Sikuler

Sikuler vertrieben, die aus Italien dahin kamen, und leztere mußten in der Folge den Chalcidiern Platz machen, welche sieben Jahre vor der Erbauung von Syrakus daselbst anlangten. Alcibiades nahm sie hierauf bey Gelegenheit der Expedition der Athenienser in Sizilien und der Belagerung von Syrakus, die Nicias commandirte, wieder weg.

Ihre Einnahme geschah auf eine sehr sonderbare Art. Alcibiades begab sich allein dahin, beschied das Volk zu einem öffentlichen Vortrag auf das kleine Theater, und er war kaum daselbst angelangt, als alles zusammenlief, als sogar die Wachen ihre Posten verließen, um diesen außerordentlichen Mann zu sehen. Dies hatten die Athenienser vorher gesehen, sie benuzten den Augenblick, besezten die verlassenen Posten, und bemeisterten sich so mit leichter Mühe der Stadt.

Nach dem Abzug der Athenienser übergab Arcesilas, der Commandant der Stadt, sie dem Dionys, welcher ihre Mauern einreisen, die Einwohner nach Syrakus abführen ließ, und das Stadtgebiete den Campaniern gab. Im ersten punischen Krieg eroberte sie Valerius Messala im Jahr der Stadt Rom 849; *) und sie ward zur römischen Kolonie. In der Folge der Jahrhunderte schloß sie sich an das Schicksal ganz Siziliens an, wurde von den

Sara-

---

*) Unter der Beute und den Reichthümern, welche dieser Feldherr von Katanea mit hinweg nahm und nach Rom bringen ließ, war eine Sonnenuhr die größte Seltenheit, eine Sache, die den Römern bisher unbekannt gewesen war. Sie stand auf einer Säule vor der öffentlichen Rednerbühne.

M. Var-

Sarazenen verheert, hernach von den noch wildern Normännern verwüstet. Graf Roger, der sie als Eigenthum überkam, beschränkte ihren Umfang, um ihr mehr Festigkeit zu verschaffen; demohngeachtet aber ward sie unter Friedrich II. abermals eine Beute der Verheerung. Dieser Kaiser ließ dasjenige Schloß daselbst erbauen, das gegenwärtig von dem schrecklichen Lavastrom umgeben ist, welcher im Jahr 1669 die ganze Stadt zu vernichten schien, und einen weit ins Meer hineinlaufenden Hafen für sie bildete.

Vier und dreyßig Jahre vorher, im Jahr 1693 wurde Katanea von neuem fast gänzlich verschüttet. Ein Erdbeben tödtete 19,000 Einwohner und zerstörte die Stadt bis auf das Schloß, welches von der Lava umgeben ist, einige Mauern der großen Kirche und das, was von den Alterthümern übrig geblieben und so niedrig, auch auf so festen Grund gebaut war, daß es der Gewalt des Erdbebens widerstand.

Einige Jahre nachher, nahmen die Einwohner, als ihre Furcht sich in etwas gelegt hatte, Besitz von den häßlichen Hütten, welche die Ruinen ihrer ehmaligen Stadt umgaben, und bewohnten diese so lange, bis sie endlich im gegenwärtigen Jahrhundert wieder so erbaut wurde, wie sie jezt steht. Tadelnswerth ist an dieser neuen Bauart vielleicht dies einzige, daß durch die Anlage der Straßen zur Zeit der Hitze

M. Varro primum statutum in publico secundum Rostra in columna tradit, bello punico primo, a M. Valerio Messala consule, Catina capta in Sicilia: deportatum inde post XXX annos, quam de Papyriano horologio traditur, anno urbis CCCCLXXXXI, nec congruebant ad horas eius Lineae.

Plin. Lib. VII. cap. LX.

Hitze und mit der eintretenden Mittagsſonne dieſen faſt aller Schatten benommen iſt.

Für Fremde und Reiſende iſt dieſe Unbequemlichkeit um ſo auffallender und unangenehmer, da Katanea beynah die einzige Stadt in ganz Sizilien iſt, die man wegen ihrer Alterthümer und Monumente gern durchwandern möchte.

Zum Unglück ſind die meiſten von dieſen Sehenswürdigkeiten ſo ſehr unter den Ruinen des alten Katanea begraben, daß nur die Kühnheit des Fürſten von Biscari und ſeine Wiſſenſchaft in Hinſicht auf die Alterthümer im Stande war, ſie der Vergeſſenheit zu entreißen, welches auch faſt alle Reiſende dankvoll erkennen.

Beſonders müſſen wir die vielen Ehrenbezeugungen rühmen, womit uns dieſer vortreffliche Mann unſern daſigen Aufenthalt angenehm zu machen bemüht war.

Schade iſts, daß der große Aufwand, den die wohlhabenden Bewohner bey der Wiederherſtellung der Stadt machten, nicht der Leitung eines Bauverſtändigen unterworfen ward, der zugleich Geſchmack beſaß; denn wenn man ſtatt der ungeheuren Paläſte und Kirchen, welche ſämmtlich mit Zieraten überladen ſind, eine edlere Bauart gewählt hätte; ſo würde Katanea ohne Widerſpruch die ſchönſte Stadt in ganz Sizilien ſeyn.

Der Marktplatz zu Katanea und der Obelisk,
oder Piazza del Duomo.

Der Marktplatz zu Katanea verdient gewiß sowohl seiner Anlage, als seiner prächtigen Gebäude wegen vorzüglich bemerkt zu werden, er hat vor vielen andern solchen Plätzen den Vorzug. Er bildet ein sehr schönes Viereck, und ist mit Bogen und Säulengängen von Marmor geziert.

Größer zwar ist der Platz Piazza del Duomo, aber weniger regelmäßig. Der leztere enthält zwey sonderbare und merkwürdige Bruchstücke von Antiquitäten. Eines davon ist ein Stück von einem Obelisk aus Egyptischem Granit, auf einem aus Lava gehauenen Elephanten, dem Symbol des alten Katanea, errichtet.

Ob dieser Elephant zur Zeit des Reichsabfalls verfertigt worden, oder ob er ein wahres Alterthum sey, hierüber ist man nicht einig. Die meisten glauben das leztere und behaupten dieses auch von einem andern Stück eines Obelisk, der sich im Museum des Fürsten Biscari befindet, und so wie der andere einem Cirkus des alten Katanea zur Zierde gedient haben soll. *)

Das eben beschriebene Monument ist vor Kurzem als Nachahmung der Fontäne, wieder aufgerichtet worden, welche

---

*) Potria anche crederſi, che l'Elefante ſituato nella piazza del Duomo, è l'Obeliſco che ſopra eſſo à collocato, come ancora un Torſo d'altra maggiore Guglia, che nel mio Muſeo è conſervata, entrombi adorni di figure Egiſie, ornamenti ſieno ſtati del Circo.

Viaggio di Sic. del Princ. di Biſcaris. p. 44.

Der Obelisken – Platz zu Catanea.

welche zu Rom nach dem Riß Berninis dem Tempel der Minerva gegen über zu sehen ist, und nach dem Modell einer antiken Münze aufgestellt seyn soll.

Einen minder zweckmäßigen Gebrauch machte man von einer Menge anderer kostbarer Säulen, die man im alten Schauspielhaus von Katanea fand, und zur Faſſade der vom Grafen Roger erbauten, nun aber nach dem Erdbeben neuerrichteten Hauptkirche anwandte. In einer von den Sakriſteyen dieser Kirche ist ein gleichzeitiges Gemälde zu sehen, welches den Weg genau anzeigt, den jener schreckliche Lavastrom im Jahr 1669 nahm, und worauf man die Stadt, wie sie damals war, abgebildet sieht.

Unterhalb dieser Kirche und zwar vor dem Portal derselben waren die Bäder des alten Katanea angelegt. Der Fürſt von Biſcari hatte die Güte, uns selbst in jene Höhlen zu begleiten, die er, so wie die Ruinen des Amphitheaters, auf seine eigene Koſten wieder hat aufgraben lassen, und sich dadurch den Dank des Kenners und Liebhabers um so mehr erwarb, als keiner seiner Landsleute an so etwas Geſchmack zu finden scheint.

Man kann mit Wahrheit diesen Prinzen den Wiederhersteller des Ruhms und der Schönheiten nennen, die das alte Katanea besaß; weil er durch ein nicht leicht nachzuahmendes Studium, und mit Ueberwindung großer Schwürigkeiten, den Zweck zu erreichen wußte, die Reſte der alten Koſtbarkeiten aus den unterirdischen Dunkelheiten wieder an das Licht zu bringen.

Indeſſen ist das, was er von den nurgenannten Bädern hervorgraben ließ, obschon kein unbeträchtliches Stück, dennoch nur ein kleiner Theil jenes großen Gebäudes, nämlich eine äußere Galerie mit zwey Eingängen und einem inwendigen Peristyl, welcher vielleicht die Abtheilungen der verschiedenen Badezimmer enthielt. Dieser Peristyl besteht aus Gängen, die auf Pfeilern ruhen, und aus halbrunden Gewölben. Die Gewölber scheinen mit Stuc von pulverisirter Lava überkleidet gewesen zu seyn, und in der Verkleidung waren Figuren von Laubwerk angebracht. Deutlich erkennt man noch die Art der Arbeit, sieht noch die Grundzeichnungen jener Figuren, wie sie waren, ehe die Belegung mit Stuc vor sich gieng, und die ersten Massen der Lavawände, worauf das Stuc angelegt wurde. Schwer ist es übrigens, von der eigentlichen Form und den Eintheilungen des Gebäudes selbst mit Zuverlässigkeit zu urtheilen, da das herabträufelnde Wasser die Arbeiter verhinderte, bis auf den Grund hinab zu graben; nur die Ableitungen in den dicken Mauern sieht man, die dazu dienten, das Wasser aus der obern Abtheilung wegzuschaffen. Auch fand man in dieser Etage die Einfassungen und steinernen Pfosten der Thüren; allein der Grund der Kirche und Privatgebäude sezte hier der Fortsetzung dieser Untersuchung ein Ziel, die gewiß noch auf sehr merkwürdige Entdeckungen geleitet haben würde.

Die Ruinen des Amphitheaters zu Katanea.

Von hier aus führte uns der Fürst von Biscari nach den sehr beträchtlichen Ruinen des Amphitheaters, welche gewiß einen sehr hohen Begriff von der Größe dieses Monuments

ments zu erwecken fähig sind. Einige glauben, es sey von den Fürsten der Normänner zerstört worden, audere halten Theoderichen, der im 5ten Jahrhundert lebte, für den Zerstörer desselben, und sind der Meinung, man habe damals die Materialien zu der Errichtung der Mauern von Katanea bedurft. Aus dem, was man jezt noch von diesem Gebäude sieht, läßt sich die Höhe und Eintheilung desselben kaum beurtheilen, es ist ein, aller Bekleidung bis auf das Ziegelgemäuer beraubtes Skelet, von dem nur die Grundmassen der Pfeiler, die aus Lava bestehen, noch übrig sind, weil diese nicht weggebracht werden konnten, und die Grundsteine von eben der Materie, weil diese die Mühe des Wegbringens nicht verlohnten.

Diese Bruchstücke bestehen in großen vierecklichten Pfeilern, die in eine gewöhnlich aus vier großen Lavastücken gehauene Karnisse ausgehen, und die Bögen der äußern Gallerie stüzten.

Eine zwote Gallerie, auf welcher die Sitze angebracht waren, führte durch Treppen in die obern Gänge und in die Vomitoria. Man fand unter den Ruinen dieses Monuments einen niedrigen Weg, welcher um das Amphitheater herum führte und es von dem ringsherum laufenden höhern Erdreich trennte.

Sehr wahrscheinlich erschütterte einst ein Erdbeben dieses Gebäude, und man brachte deswegen, um es zu unterstüzen, an den ersten Pfeilern andere an, welche vom Vorsprung des Kreuzes in neuen Bögen über die Straße hinliefen und zur Sicherung desselben sich auf die Hauptmauer stüzten. Vermittelst der geschehenen Ausgrabung des Erdreichs um das Amphitheater, ist man nun in den Stand gesezt, weit in diese erste Gallerie hinein zu gehen, und folglich auch die Bauart der Pfeiler zu erkennen, woraus sie bestand, und der Karnisse, die sie deckte. Die Gallerie war mit Arkaden versehen, wovon zwölf, die man entdeckt hat, 9 Fuß 4 Zoll breit, und 16 Fuß 11 Zoll hoch; die Pfeiler, die diese Arkaden trennen aber 4 Fuß 1 Zoll breit und 4 Fuß 9 Zoll hoch sind.

Diese Gewölbpfeiler hatten ohne Zweifel dazu gedient, um den höhern Weg mit den obern Gallerien in Verbindung zu setzen. Man findet hier, so wie zu Oranien, die Steine noch, welche das Zimmerwerk trugen, woran die tuchene Bedeckung des Amphitheaters befestigt war. Diese aus dicker schwammichter Lava bestehende Steine sind durch eine Kette an einander befestigt, die eben so dauerhaft ist, als die Steine selbst.

Jahrhunderte lang lag dieses Monument vergessen in den Finsternissen der Erde begraben, und blos die Abmessungen die man bey der vorgewesenen Wiedererbauung Katanea's vornahm, gaben Gelegenheit zur Wiederentdeckung dieser Ruinen, oder wenigstens eines Theils derselben, woraus man behaupten kann, daß das übrige unter dem Boden des öffentlichen Platzes Piazza Stesicorea oder Porta d'Aci genannt, vergraben liegt. Einen Theil der Ruinen sieht man zu Tage liegen, nämlich die Bruchstücke einer runden Mauer, welche der Erde gleich lauft, und einst das Gewölbe der niedrigsten von den inwendigen Gallerien trug; so daß also der Boden des gegenwärtigen Platzes nicht höher als ungefähr fünf Stufen hoch über dem Boden der Arena hinlauft. Aehnliche Ursa=

Urſachen, wie diejenigen waren, die das weitere Ausgraben der Bäder verhinderten, ſezten auch hier der Begierde des Fürſten von Biſcari Grenzen. *)

*) Er ſelbſt liefert von dieſem Monument in einem von ihm verfaßten Werkchen über die Alterthümer Siziliens, das er gerne jedem Fremden mittheilt, folgende Beſchreibung. „La longa eta, il difuſo di queſto edificio, la barbarie de'tempi, che non ſeppero cognoſcere il merito di ſi riguardevoli opere, riduſſero l'Anfiteatro di Catanea al ſegno, di eſſere ſtimato non piu un ſingolar preggio, ma una deforme rovina. Tale fu dipinto al Re Theodorico per ottenerne il promeſſo di valerſi delle pietre di eſſo per innalzare le mura della Citta; onde diſtrutti i ſuperiori ordini, ne rimaſe il ſolo inferiore; ma le diſgrazie de' tremoti, innalzando con le ravine della Citta il circonvicino terreno, reſtò queſto del tutto ſepolto; in maniera, che a tempi noſtri era già poſta in dubio la eſiſtenza di eſſo, e ad onta dell' autorita de Cateneſi ſcrittori, fu dal ſignor Dorville totalmente negata. Ma ſia il foraſtiere giudice di queſta palpabile verita. Si conduca nella piazza Steſicorea, oggi chiamata Porta di Aci. La ſuperficie del terreno gli moſtrera gran parte di una delle muraglie, che in forma circolare compariſce à fior di terra. Indi entrando nella ſtrada di rimpetto alla Chieſa del ſ. Carcere ivi trovera l'ingreſſo, che lo introduce nel ſotterraneo, che era la loggia eſteriore, che per longo tratto ſotto terra cammina. Dove è magiore lo ſcavo ſi ſcopre non picciola parte dell eſteriore, vendendoſene tre archi perfettamente ſcoperti. Tutta la gran mole é formata di riquadrate pietre di lava, lavorate con artificio incredibile. Tutti gli archi erano formati di groſſi matoni, come moſtrono alcuni avanzi, e i ſeſti impreſſi nella fabbrica. Oſſervi il Viaggiatore, che uno de'gran pilaſtri anticamente pati, forſe non reggendo al gran peſo, ed il riparo dotogli dal accorto Architetto."

Viaggio di Sicilia p. 28.

Nicht minder sehenswürdig sind auch die Ruinen des alten Theaters von Katanea; allein dieses Denkmal ist so heruntergekommen, so sehr aller seiner Zierden beraubt, daß man sich keine Vorstellung mehr davon machen kann. Die ganze Stadt ist, man darf dies behaupten, mit Reichthümern aller Art angefüllt, die von diesem Gebäude herrühren. Statuen, Säulen, kostbare Marmorstücke sind zur Ausschmückung der verschiedenen Kirchen verwendet worden. Alles bestimmte uns zu glauben, dieses Theater müsse einst mitten im Becher eines alten Kraters angelegt gewesen seyn.

Die natürlich runde Form hatte wahrscheinlich die Einwohner bestimmt, sich dessen zu jenem Endzwecke zu bedienen; der Abhang bot die Sitze und Abstufungen dar, die man ohne große Mühe verschönern konnte; seine Lage gewährte die Aussicht übers Meer und die ganze reiche Landschaft; gewiß Umstände genug, um diesem Platze bey den Griechen den Vorzug vor vielen andern zu geben!

Nach seinen Ueberbleibseln zu urtheilen, muß es von ganz vortrefflicher Bauart gewesen seyn; und man hat Ursache zu glauben, daß es ganz dem Theater zu Herkulanum geglichen habe. Einige Sitze, die man glücklicherweise bis jetzt erhalten hat, und ein bedeckter Gang, der vom Eingang gegen die Bühne hinlief, erleichtern die Abmessung der Größe dieses Gebäudes, so wie man aus der Rundung der Häuser, die jetzt auf den Mauern der obern Gallerie gebaut sind, noch dessen innerliche Gestalt und Krümmung desselben unterscheiden kann.

Die Bühne, von der aber nichts mehr vorhanden ist, war mit großen Granitsäulen versehen, die jetzt an der Façade sade der Hauptkirche prangen. Sie standen auf ganzen schön gehauenen Marmorblöcken, wovon der Fürst von Biscari einen in den Hof seines Pallasts bringen ließ.

Der Hof des diesem Prinzen zuständigen Museums ist voll von marmornen Figuren, Kapitälern, Basen, Frisen und Karnissen aus jenem Theater. Auch in der Stadt liegen Säulenrümpfe hin und her zerstreut. Sie sind von mancherley Größe, und Beweise von der Kostbarkeit des Gebäudes, das sie zierten.

Außer diesem großen Schauspielhause war noch ein kleineres zu Katanea, welches durch eine Treppe mit dem erstern zusammenhieng und entweder zum Repetiren, oder bedeckt zu spielen, oder wohl auch gar zum Concertsaal dienen mochte. Auch zu Pompeii hatte man ein solches kleines Theater entdeckt. Das gegenwärtige ist zu sehr verschüttet, als daß man von seiner innern Einrichtung urtheilen könnte; alles, was man erkennen kann, ist, daß der runde Theil desselben mit Pilastern versehen war, auf welchen Schwiebbögen standen, die einem athenienfischen Säulengang zur Stütze dienten. Nahe dabey erblickt man noch die Ueberreste einer Rotunda von antiker Bauart; sie war wahrscheinlich ein Bad. Nicht fern davon lag das Forum und die Gefängnisse, von denen jezt nichts mehr übrig ist, die aber vor der Wiedererbauung Katanea's noch sehr wohl zu erkennen gewesen seyn sollen.

Andere Bäder lagen da, wo jezt das reiche Benediktinerkloster steht; sie waren mit Marmor bekleidet, mit Mosaik gepflastert, und mit Statuen gezieret. Aus einem noch vorhandenen Stück Mosaischer Arbeit, mit lateinischer In-

schrift

schrift sollte man fast schließen, es müsse dieses ein römisches Gebäude gewesen seyn. Man war so glücklich, ein Stück solchen Mosaik von griechischem Marmor aus einer der Kammern herauszubringen, welches eben groß genug war, um ein Zimmer der Fürstin von Biscari damit zu pflastern.

Bey dem Benediktinerkloster an der alten Stadtmauer fand man auch Bruchstücke eines alten Tempels der Ceres, eines Gymnasiums, und einer Naumachie, deren Ruinen erst im Jahr 1669 von der Lava überschwemmt worden sind. Zween Arkaden von der Wasserleitung, wodurch die Naumachie das Wasser erhielt, ragen noch aus der Lava hervor.

Die hier so sehr auf einander gehäuften Reste öffentlicher Gebäude von mancherley Art, zwischen denen nur wenige Privathäuser Platz haben konnten, machen glaublich, daß sie entweder zu verschiedenen Zeiten aufgeführt worden sind, oder daß, wie zu Pompeii, die Privathäuser ausserordentlich klein waren. Außerdem müßte Katanea prächtiger, als groß gewesen seyn, und dann gliche die heutige Stadt der ehmaligen vollkommen, denn ob man gleich die Zahl der Einwohner auf 60,000 Seelen angiebt; so stellen sich doch fast in allen Straßen nichts als Klöster, Kirchen und Palläste, und nur wenige Privathäuser dar.

Der Zeitraum, wo Katanea am meisten blühte, ist schwer zu bestimmen. Vermuthlich fieng er damals an, als die Griechen sich dort niederließen, und währte bis zu den Zeiten Hiero's des Ersten, Bruders des Gelon fort, welcher die Einwohner vertrieb, Peloponeser und Syrakuser dahin zog, und der Stadt, weil er gerne für den

Grün=

Gründer derselben gehalten seyn wollte, den Namen Aetnäa gab. Noch trug sie diesen Namen, als Dionys aus Rache ihre Mauern niederreißen ließ, und das Gebiete wieder den Campaniern gab. Nach dem Tode des Tyrannen trieben die Einwohner der Stadt die Campanier abermals aus und sie erhielt ihre alte Benennung. Vielleicht war auch der Zeitpunkt ihres Glücks jene friedliche Epoche, deren Sizilien durchgängig unter der Regierung Hiero's II. genoß, oder die Zeit, als die Römer nach geendigtem 3ten punischen Kriege, die Verheerer der Insel besiegt hatten, und im ruhigen Besitz derselben blieben.

Die große Menge von römischen Inschriften, die in den öffentlichen Gebäuden, Bädern, im Amphitheater, im Gymnasium und in der Naumachie gefunden wurden, und deren Gebrauch nur Römern bekannt war, machen es vorzüglich wahrscheinlich, daß es der leztere Zeitpunkt gewesen seyn müsse, der sich bis auf die ersten Einfälle der Sarazenen erstreckte, welche anfiengen, die Tempel zu berauben, die Bildsäulen zu zerbrechen, die Metalle zu schmelzen und das Erz mit sich hinweg zu nehmen. In der Folge kamen die Normänner, jene fromme Barbaren, welche in heiliger Einfalt die schönsten Gebäude ihres Schmucks beraubten, die Marmorverkleidungen abrissen, und ihre gothischen Kirchen damit schmückten.

Nach jenen barbarischen Zeiten folgten die Ansprüche aller Europäischen Fürsten auf dieses schöne Land. Sie waren die Ursache der vielen Vestungen, die man in der Eile erbaute, und wozu man die Materialien von jenen Ueberbleibseln des Alterthums nahm. Eben daher sind solche jezt in einem kaum kennbaren Zustande, indem nur wenige Spuren davon durch einzelne Kunstkenner und Liebhaber der Alterthümer mühsam entdeckt, kostbare Bruchstücke ausgegraben und so aus der zerstörenden Hand der Unwissenheit gerettet werden.

Hier wäre eigentlich der schicklichste Platz, von dem unermeßlichen Reichthum und der unvergleichbaren Schönheit des dem Prinzen von Biscari zuständigen Kabinets zu sprechen; einem Gegenstande, der gewiß unter die vorzüglichsten Merkwürdigkeiten Siziliens gehört. Denn dieser vortreffliche Prinz ließ nicht allein, wie schon oben erwähnt worden ist, alles das von alten Denkmälern zu Katanea ausgraben, wessen man nur immer habhaft werden konnte; sondern er sammelte auch in seinem Museum eine Menge von Alterthümern, bey deren Durchsicht wir drey Tage zubrachten und deren nähere Beschreibung einen ganzen Band füllen würde.

Niemand würde eine ausführliche und genaue Darstellung dieses kostbaren Kabinets besser zu liefern vermögend seyn, als eben der Prinz selbst, und wirklich kann man Kennern und Liebhabern dieses Werk vorläufig von seiner geschickten Feder zusichern. *)

Der

---

*) Wahrscheinlich ist es auch inzwischen schon erschienen, wenn nicht der Tod, der diesen vortrefflichen Mann (er hieß Ignatius II. und war der fünfte Fürst von Biscari) im Jahr 1786 in seinen besten Jahren dahin raffte, die Herausgabe des Werks verhindert hat. Er war nicht nur Kenner und Verehrer der Künste und Wissenschaften, er war auch Vater des Volks, Wohlthäter der leidenden Armuth und Belohner jedes Verdienstes. Sein
Bild-

Der größte Theil von den Seltenheiten dieses vortrefflichen Kabinets ist nicht nur schon gezeichnet, sondern sogar schon gestochen, und die Beschreibung davon ist für eine Geschichte Siziliens bestimmt. Wir wagen es nicht, hier auf die einzelnen Gegenstände dieser kostbaren Sammlung einzugehen, die alles in sich faßt, was Sizilien im allgemeinen, und Katanien insbesondere Merkwürdiges aufzuweisen vermochte, als z. B. Ueberbleibsel und Bruchstücke der Baukunst, antike und neuere Münzen und Medaillen aus allen Sizilianischen Städten, alte Mosaische Kunstwerke, Baumaterialien der Griechen und Römer, Altäre, Opfergefäße, Aschentöpfe, Bildhauerkunst, und unter andern einen kolossalischen Torso, welcher alles übertrift, was man von dieser Gattung schönes sehen kann.

Außer einer Sammlung von irdenen Vasen, die man nirgends kostbarer findet, und worauf eine Menge Figuren von der schönsten Form und Zeichnung angebracht sind, hat dieser Prinz die ganze Naturgeschichte Siziliens in seinem Kabinette vereinigt, und man findet daselbst alle mögliche See= und Erdprodukte, als Muscheln, Pflanzen, Fische u. s. w. Mineralien, Vegetabilien, vulkanische Materien,

Mar=

Bildniß findet man in Bartels Briefen über Kalabrien und Sizilien, im 2ten Theil, woselbst auch im 19. Brief vieles von seinen kühnen und kostbaren Unternehmungen für die Kunst und im 20sten von seinem Museo zu lesen ist. Eine eigene Beschreibung davon lieferte der Abate Domexico Sestini unter dem Titel: Descrizione del Museo d'antiquaria e del Gabinetto d' Istoria Naturale del signore Principe di Biscari; sie kam im Jahr 1776 heraus und wurde im Jahr 1787 zum zweytenmal aufgelegt.

Marmorarten, kostbare Steine, Thiere, Versteinerungen, verdickte Flüssigkeiten, Krystalle, Diamanten, Matricen von Diamanten u. dgl. Alle diese Dinge sind in die schönste Ordnung gebracht, woraus eben so viel Kunst als Geschmack hervorleuchtet. Wir fanden auch eine Menge antiker Waffen und Kleidungsstücke von verschiedenen ältern und neuern Völkern daselbst.

Außer dieser Sammlung ist noch ein Kabinet zu Katanien, welches den Benediktinern gehört, und gleichfalls viele Alterthümer enthält; nur wäre zu wünschen, daß sie in bessere Ordnung gebracht, und die kostbaren Stücke von der Schofelwaare abgesondert würden. So werden z. B. da viele eiserne Küchengeräthe aufbewahrt, die außer dem Alterthum, nicht den geringsten Werth haben, und unter denen andere häusliche Geräthschaften herumliegen, welche an Kostbarkeit und Schönheit denjenigen nichts nachgeben, die man zu Portici vorzeigt. Die Naturprodukte sind dort noch übler geordnet, gemeine Dinge sind mit den größten Seltenheiten vermischt. Auch hier sind eine Reihe von jenen irdenen Etruscischen Gefäßen das wichtigste. Man trifft nirgends so viele davon beysammen an, als hier, und sie wurden sämmtlich in Sizilien gefunden. Schönheit der Form und des Gemäldes sind unvergleichlich.

Sowohl das Behältniß, oder die Gallerie, worinn sie aufgestellt sind, als auch das Haus selbst, sind prachtvoll. Die Außengebäude desselben scheinen mehr einen fürstlichen Pallast anzukündigen, als einen Aufenthalt einfacher Mönche. Auch ihre Kirche ist sehr prächtig; aber was mehr als alle jene mit ungeheurem Kostenaufwand hier zusammengehäufte

Kostbar=

Kostbarkeiten, unsere Aufmerksamkeit auf sich zog, waren die Orgeln, welche ein Mönch dieses Klosters seit einigen Jahren verfertigt, und die alles, was man von dieser Art schönes und vollkommenes sehen kann, weit übertreffen. Alle Töne, und vorzüglich die Töne der Hörner und Saiten, kann man auf diesen Instrumenten bis zur Täuschung hervorbringen. Besonders merkwürdig war für uns ein Spiel, welches dem Echo so vollkommen gleich kömmt, daß man die Töne in der Entfernung sich gleichsam verlieren hört.

Wir besahen den schönen und wirklich sehenswürdigen Garten dieser Mönche, dessen größte Seltenheit in seiner Anlage auf bloßer Lava besteht.

Seine Alleen sind mit einer Art Mosaik aus geschmolzenen Steinen von mancherley Farben gepflastert, woran die schmalen Zwischenstreife mit Steinen überlegt sind; eine Verzierung, die mehr sonderbar, als angenehm und geschmackvoll ist, und großen Dessertschüsseln nicht unähnlich sieht.

Am Ende dieses Gartens erblickt man den Weg, den die Lava im Jahr 1669 nahm, nachdem sie einen Sumpf ausgefüllt hatte, der auf dieser Seite an die Mauern von Katanien stößt. Von hieraus strömte sie in die Stadt, zerstörte und verschlang an 300 Häuser und unter andern auch einen Theil des alten Benediktinerklosters.

Beschreibung eines alten Grabes im Kapuzinergarten zu Katanea.

Die Kapuziner von Katanien waren glücklicher als die Benediktiner, sie wurden weniger von der Lava mißhandelt als jene. Man zeigte uns in ihrem Garten mehrere antike Gebäude, und vorzüglich einige Grabmäler, die noch auf ihrer Stelle geblieben sind.

Eines davon ist viereckicht, sehr massiv und ohne alle Verzierung, so daß es, nach der Dicke der Mauer zu urtheilen, blos in eine Pyramide oder ein anderes architektonisches Kunstwerk ausgelaufen zu seyn scheint. Es mag, nach der Bauart zu schließen, welche halb aus Matoni, halb aus Stein besteht, und inwendig Nischen enthält, ein Werk der Römer seyn.

Merkwürdiger als dieses, ist ein anderes Grab in eben demselben Garten von runder Form und gleicher Materie als das nur beschriebene, aber besser conservirt. Es ist mit Stuc bekleidet, mit Pfeilern geziert, und hat eine kleine Karnisse. Einige Gruppen von Cypressen, die ringsumher stehen, erhalten es ganz im Karakter seiner ehmaligen Bestimmung. Inwendig ist es viereckicht, hat Nischen und eine runde Plateform, worauf vielleicht eine Bildsäule oder Urne gestanden haben mag. Dieses ganze, außerhalb der Stadt liegende Quartier war vermuthlich den Gräbern gewidmet, denn sobald man nur irgend da nachgräbt, findet man Ueberbleifsel davon.

Beschreibung eines Brunnen oder einer in Lava gegrabenen Cisterne.

Die schreckliche Lava, von welcher wir schon öfters geredet haben, jener Feuerstrom, der sich vom Fuß des Monte Rosso im Jahr 1669 funfzehen Meilen weit hinwälzte und an die Mauern Kataniens schlug, die allein fähig waren, seine Gewalt zu brechen, schwoll an diesen Mauern zu einer Höhe hinan, welche die ihrige überstieg, und stürzte sich über sie hin in die Stadt selbst.

Unter den vielen Verheerungen, die sein Werk waren, füllte er auch eine nahe an der Mauer fließende Wasserquelle aus, deren Verlust um so unangenehmer für die unglücklichen Einwohner war, weil sie viel und gutes Wasser gab. Erst nach vieler angewandter Mühe und nachdem man in eine Tiefe von 40 Fuß hinab gegraben hatte, war man so glücklich, jene kostbare Quelle, die über älterer Lava hinströmte und sich im Sande verlohr, wieder zu finden. Man steigt gegenwärtig auf mehreren in die Lava selbst gehauenen Stuffen hinab, von denen einige sich auf die ehmalige Stadtmauer stützen. Ganz nahe dabey hat man auf die Veranstaltung des Fürsten von Biscari die Ruinen eines Bades und eines Schwitzbades ausgegraben, welche wahrscheinlich beyde zu irgend einem Privathause der Stadt gehört haben. Katanea muß wohl das Schicksal der Städte Herkulanum und Pompeii mehrmals empfunden haben, weil man fast jeden Augenblick Ueberreste von Monumenten aus verschiedenen Zeitaltern auffindet.

Ob es gleich schwer seyn würde, sich eine wahre Vorstellung von den verschiedenen Revolutionen zu verschaffen, denen diese Stadt unterworfen gewesen seyn muß, so könnte man doch vielleicht eine Eintheilung unter den mancherley Antiquitäten zu Stande bringen, und sie nach ihren Zeitaltern gehörig klassifiziren. So müßte man z. B. den Tempel der Ceres, das große und kleine Theater den Griechen zuschreiben, denn die Geschichte jener Zeit, welche dieser drey Monumente erwähnt, sagt ausdrücklich, daß Alcibiades im **kleinen** Theater eine Rede an das Volk gehalten habe, es mußten folglich damals schon zwey Schauspielhäuser vorhanden gewesen seyn. Das Amphitheater, die Naumachie, das Gymnasium und der große Wasserfall scheinen erst späterhin erbaut worden und Werke der Römer zu seyn; weil diese Art von Gebäuden mehr bey den leztern, als bey den Griechen gewöhnlich war. Ihre ganz römische Bauart von Matoni und Ziegeln erhöht noch die Wahrscheinlichkeit dieser Vermuthung.

Was die Bäder anlangt, so sind sie gewiß erst nach und nach während einer Reihe mehrerer Jahrhunderte vergrößert und verschönert worden, ihr Ursprung selbst aber ist ohne Zweifel griechisch, denn griechischer Styl läßt sich in ihrer Mosaik nicht verkennen.

Wenn man dieser Eintheilung der katanensischen Bauwerke folgt; so findet man weniger Ursache, sich über die Aufeinanderhäufung derselben in einer Stadt zu verwundern, die nie so groß war, als jezt, und die, wenn ihre Bevölkerung ferner verhältnißmäßig, wie seit dem Erdbeben vom Jahr 1673 fortwächst, noch vor dem Ablauf eines Jahrhunderts

derts die größte und reichste Stadt in ganz Sizilien werden wird.

Nicht mehr als 16,000 Menschen sollen nach jenem Erdbeben übrig geblieben seyn, der größte Theil der Häuser wurde ein Raub desselben; erst seit sechzig Jahren fieng man an, sie wieder aufzubauen, und nichts destoweniger zählt Katanea jezt schon wieder 60,000 Einwohner, eine Universität, eine Akademie, viele Manufakturen und Handlungen.

Viertes Kapitel.

Alte Lava vom Etna. Felsen der Cyklopen. Zwote Reise auf den Etna. Reise von Katanea nach Aberno, dem alten Adranum.

Das Schloß und die Klippen von Yaci bey Katanea.

Fast die ganze Seestrecke von Katanea bis zum Castel Yaci, längs der Küste, lauft zwischen alter Lava des Etna hin, die wegen ihrer schwarzbraunen Farbe und Gestalt eisernen Felsen gleicht. Einige von diesen Felsen steigen vom Meer aus gegen hundert Fuß in die Höhe und vielleicht eben so tief unter das Wasser hinab. Es ist beynah unmöglich zu bestimmen, wie diese Massen sich so sehr trennen konnten, und wie die Schlünde entstanden sind, die sie an einigen Orten bilden, und die so tief sind, daß das darinn befindliche Wasser so schwarz wie Dinte aussieht, ohngeachtet es heller als irgendwo ist.

Es war eben Windstille, als wir durch diese sonderbare Gegend um Katanien reisten, so daß wir folglich die Felsen ruhig betrachten konnten. Sie heißen noch jezt *il porto d'Ulisse*, weil nach alten Traditionen Homer seinen Helden an dieser Stelle in Sizilien anlanden ließ.

Der größte von diesen Felsen, auf welchem das Castel Yaci liegt, ist horizontal von einer grauen Lava durchschnitten, welche neuer ist und die ältere schwärzlichte Lava überzogen hat. Wo mögen wohl diese ungeheuren Lavamassen ehmals hergekommen seyn? Spieh sie Etna aus, oder ein anderer, dem Meere näher gelegener Vulkan? Und welches war die Ursache ihrer Trennung vom Ufer; wenn es nicht ein Erdbeben war, das den Sandboden, über den sie hinflossen, in die Tiefe hinabzog, und diese Massen so nackt stehen ließ, wie man sie jetzt findet?

Den Lesern wird es nicht unangenehm seyn, hier eine etwas ausführlichere Beschreibung jener Lavafelsen mit einigen Bemerkungen zu finden, die einer unserer gelehrtesten Naturforscher über diesen Gegenstand niederschrieb. *)

„Das Vorgebürg oder die Art von Berg, auf welchem das Schloß Yaci liegt, ist ein dickes massives fast von allen Seiten ausgehöltes Viereck. Am Fuße dieser Würfelfigur zeigen sich Gruppen von kleinen, abgetheilten Basaltstücken, die zusammen Pyramiden mit spitzem Gipfel bilden, an welchem die Extremitäten der verschiedenen Säulen zusammen laufen. Der Boden ist von eben solchem Gehalt. Der Abhang der Ostseite stellt kleine Basaltkugeln dar, die nach Art runder Feuersteine gleichfalls oben zusammen laufende Pyramiden bilden. Diese kleinen Basaltkugeln, oder Pyramiden mögen ungefähr drey bis fünf Fuß im Durchschnitt halten, und sind auf einander geschichtet gleich den Bomben. Einige sind nicht eben ganz rund, sondern etwas flach; alle aber mit einer gräulichten Thonrinde überzogen, die auch die Zwi-

---

*) Diese interessante Beschreibung, so wie mehrere Bemerkungen über die Naturgeschichte Siziliens, verdanken wir der Güte des Herrn Kommandeur von Dolomieu; wir werden davon in der Folge dieses Werks hier und da Gebrauch machen.

schenräume füllt. Auf drey Seiten besteht der Berg aus bloßen Schlacken und Bruchstücken von poröser Lava, welche durch ein gelblichtes impalto und durch weiße Zeolitenerde an einander gekittet sind. Ich wage es nicht, den Ursprung dieser Basaltkugeln zu bestimmen, die ich nirgends anderswo gesehen, auch nirgend beschrieben gefunden habe.

Wenn man zur See der Küste entlang zurück nach Katanien reist, erblickt man noch andere beträchtliche Felsstücke von schwarzer Lava, die sich in unförmlichen Massen mitten aus dem Wasser erheben, und an mehreren Orten tiefe Hölen bilden, an denen die Wogen anschlagen. Zwischen einigen von diesen Lavafelsen liegen zugerundete Stücke, welche viel härter sind, als die Materie, die sie umgiebt. Endlich bemerkt man auch sehr deutlich, daß da, wo die Lava in dicken Strömen und tief hinab ins Meer gequollen ist, Basalte entstanden sind. Der ganze Theil des Stroms, welcher ins Meer floß, ist nach Art der Prismen krystallisirt, und diese Krystalle laufen sogar einen oder zween Fuß über die Oberfläche des Wassers empor.

Der obere Theil der Lavaströme ist von vielen Ritzen durchkreuzt, und sowohl die ältere als neuere Lava hat die Krystallisation erlitten, welches zum Beweise dient, daß solche blos von der Erkaltung dieser Materie im Wasser bewirkt werden müsse. Ueberall, wo die schnelle Erkaltung nicht Statt fand, hat die Lava verschiedene Richtungen genommen, und auch die neuern Ströme, welche das Meer nicht vernichten, mochten sie noch so dichte seyn, haben niemals Basalte erzeugt. Ich könnte noch viele Beweise für diesen Satz angeben."

———

Aus-

Aussicht auf den Aetna von dem Garten des Prinzen von Biscaris, welcher im Jahr 1669. nahe bey Catania auf Lava angelegt wurde.

Aussicht auf den Etna

von einem dem Fürsten von Biscari gehörigen Garten, welcher im Jahr 1669 auf Lava angelegt worden ist.

Mitten unter jenen Feuerströmen und seit undenklichen Jahrhunderten erkalteten Lavaflüssen, liegt das fruchtbarste Erdreich. Alles Getreide, alle Früchte, welche in der Gegend von Katanien wachsen, sind von außerordentlicher Schönheit und von dem vortrefflichsten Geschmack. Es ist zwar allerdings wahr, daß eine Ruhe von Jahrhunderten erfordert wird, bis die Natur im Stande ist, die Lava fruchtbar zu machen, und daß, wenn dieses eher bewirkt werden sollte, die Kunst ihr äußerstes thun müßte, ungeheure Kosten erforderlich sind, um durch Ausgraben und Ausrottung der Lava, dem Erdboden seine ehmalige Fruchtbarkeit wieder zu geben; allein möglich ist es denn doch, und der Fürst von Biscari hat davon in seinem neuen Hause, *la Sciarra* genannt, den Beweiß geliefert. Ueberhaupt kann man dieses Gebäude ein Wunder des menschlichen Kunstfleißes nennen.

Dieser Fürst, den keine Schwierigkeit von seinem Vorhaben abzuschrecken vermochte, ließ am Seeufer eine große Strecke von der aufgehäuften Lava säubern, um daselbst angenehme und bequeme Wege anzulegen; allein hiermit nicht zufrieden, ließ er sogar andere solche ausgegrabene Stücke mit guter Erde ausfüllen, und fruchtbare Bäume, als z. B. Indianische Feigen, Aloen u. dgl. anpflanzen, kurz er rief die

die Vegetation mitten in den ausgebrannten, unfruchtbaren Boden zurück.

Aber was uns noch mehr an sich zog, als diese Betrachtung allein, dies war die Aussicht auf den Etna, und der Anblick, den dieser schreckliche Vulkan von hieraus darbeut; denn man hat hier seinen vollen ungeheuren Umfang im Auge.

Gewiß, es kann kein schöneres Schauspiel gedacht werden, als dieser Anblick von einem heitern Tag beym Auf- oder Untergang der Sonne. Allein malen und beschreiben läßt sichs nicht, selbst muß man es sehen, um es lebenslang nicht aus dem Gedächtniß zu verlieren.

Die Cyklopeninseln, oder die Inseln de la Trizza bey Katanea.

Eine bessere und richtigere Beschreibung dieser Inseln oder Felsen vermag man wohl nicht zu geben, als die folgende ist, die wir der Güte des Herrn Komandeur von Dolomieu verdanken. Nebst der getreuen Zeichnung, die uns dieser gelehrte Naturkenner davon mittheilte, und die wir hier liefern, schien uns nicht leicht etwas erfinderischer und doch zugleich wahrscheinlicher, als die Ursache, worauß er die Entstehung jener kostbaren Krystalle von Basalte erklärt, womit jene Felsen umgeben sind, und die man als eines der außerordentlichsten vulkanischen Produkte ansehen darf; doch wir lassen ihn selbst reden:

„Zwischen Katanea und Raci Reale liegen die **Cyklopeninseln,** *Scopuli Cyclopum* nach Plin; und jetzt gemein-

Die Inseln de la Trizza, oder die Basaltfelsen, bekannt unter dem Namen der Cyklopeninseln bey Catanea.

gemeinhin *fariglione della Trizza* genannt. Es sind ihrer vier, fast alle in einer Reihe und in kleiner Entfernung von einander gelegen, so daß man einst schon auf den Einfall kam, sie durch Ausfüllung der Zwischenräume zu vereinigen, und einen Hafen durch den kleinen Busen zu bilden, den sie umschließen; allein die Wogen vereitelten alle Bemühungen, die man sich hierinn gab. Jede von diesen Inseln hat eine besondere Merkwürdigkeit aufzuweisen; sie sind durch ihre Gestalt eben so sehr, als durch ihre Natur, und durch die Lage der Steine, woraus sie bestehen, von einander verschieden."

„Die größte und niedrigste davon ist, diejenige, welche zunächst an der Küste liegt, und insgemein *Isola della Trizza* heißt. Man sieht auf selbiger die Ruine eines alten Schlosses, das diesen Namen hat. Ihre ungleiche Oberfläche erhebt sich nicht über fünf bis sechs Klaftern übers Meer. Sie besteht aus zwo Materien, die sich sehr von einander auszeichnen; der Grund ist schwarze, ungemein harte Lava, die in unförmliche Klötze zerfällt, die man aber für Ansatz von Krystallisation annehmen könnte. Ihr platter Gipfel sticht gegen die Gipfel der andern drey Inseln sehr ab und besteht aus weißlichtem Thon, welcher drey bis vier Klaftern dick und von sonderbar geschlungenen Adern durchkreuzt ist. Eine Ritze theilt die ganze Insel, da wo sie am schmalsten ist, in zween Theile. Wahrscheinlich ist dies die Folge eines Erdbebens. Oben auf dem Gipfel trift man eine von beyden Seiten durchhölte Grotte an, die ich für ein Werk von Menschenhänden halte. Die Laven, die man hier findet, sind sehr kompakt, und haben in einigen Aushölungen Ansätze von Zeolitenkrystall, welcher sehr hart, vollkommen durchsichtig und wegen seines Glanzes, seiner lebhaften Gräten, und der Art seiner Brüche dem Felskrystall gleicht; wofür er auch bis jezt gehalten worden ist. Er glänzt wie Glas, seine Krystalle sind Abstufungen von länglichem Viereck, deren Winkel und Gräten bald mehr bald weniger abgeschnitten sind. Man sieht hier die schönsten zwölfeckichten Krystalle auf fünfeckichtem Grund, einige davon sind Daumensdicke. Auch der Thon enthält da, wo er sich der Lava nähert, kleine Krystalle von der nämlichen Form des dunkeln Zeolits. Uebrigens trägt dieser Thon kein Kennzeichen an sich, woraus sich schließen ließe, daß er im Feuer gewesen sey; vielmehr ist er durch die oftmalige Benetzung des Seewassers mit Meersalztheilchen geschwängert, die sich auf der Oberfläche ansetzen. Diese erste Insel mag eine halbe Meile im Umfang halten.„

„Die drey folgenden Inseln sind viel erhabner und laufen in Spitzen aus; sie heißen insgemein Cyklopeninseln oder *Foriglioni*. Die erste von diesen dreyen, welche die zwote ist, wenn man vom Ufer aus hinkömmt, ist die höchste; ihr Gipfel ist sehr spitzig und hat vollkommen die Gestalt einer pyramidenförmigen Nadel. Sie besteht aus abgesezten Basaltsäulen, die in vertikaler Richtung laufen, und da, wo sie zusammen stoßen, einen Büschel bilden. Diese Säulen sind nicht alle von gleicher Höhe, aber leiterartig, eine über der andern, gleich einer Orgel angelegt. Die erste Reihe ist sehr niedrig und man kann da sehr bequem anlanden. Die übrigen etwas höhern von einer oder zwey Abstufungen formiren Treppen, auf denen man zu den großen Säulen des Mittelpunkts hin gelangt. Leztere halten zween bis drey Fuß im Durchschnitt, sind sämmtlich fünfeckig und so vertheilt,

theilt, daß sie wieder eigene kleine Büschel, jeden von sechs Säulen, bilden, wovon der dickste dann das Centrum darstellt. Die Abstufungen mögen zwey oder dritthalb Fuß lang seyn, und ob man sie gleich sehr wohl bemerkt, so sind die Trennungen demohngeachtet nicht regelmäßig und man müßte sie brechen, wenn man dies bewürken wollte. Uebrigens sind sie bey den verschiedenen Säulen fast von einerley Höhe und theilen, wie es scheint, die ganze Pyramide von ihrem Grund aus in einer Parallellinie. Die höchsten Säulen können etwan sechzig Fuß über die Meeresfläche emporragen, und gewiß eben so tief unter das Wasser hinablaufen, so weit nämlich das Auge sie zu verfolgen vermag. Die Säulen im Mittelpunkt tragen ein Kapital von unförmlichen Lavaklumpen; worauf eine Thonschichte von eben der Gattung, wie die Oberfläche der Insel Trizza, liegt. Die Lava, woraus dieser schöne Basalt entstand, ist von dunkelgrauer Farbe; sehr hart, hat Körner von der Größe eines Kiesels und ist mit durchsichtigem Zeolit vermischt, der jedoch nicht krystallisirt ist, weil man keine Hölungen daran findet, und folglich das Krystall nicht eindringen konnte. Wenn man diese Lava einige Tage lang in Salpetersäure läßt; so trennt sich der Zeolit in Gestalt des Eises, und der Stein verliert einen Theil seiner Konsistenz und Schwere; man könnte dieses eine Zeolitenmine nennen."

„Das Meer nagt an den Säulen, die von dessen Wogen bespühlt werden, und diese sind daher auch von außen löchericht, ungleich und ausgehölt; allein sie sind es nur an ihrer Oberfläche und ihre Farbe leidet dadurch nicht im geringsten."

„Mitten zwischen diesen Säulen erblickt man ein sehr großes löcherichtes, aufgeblasenes, schlackenartiges Lavastück, welches dreyen Säulen zum Fußgestelle dient, die es mit jedem Augenblick durch ihre Schwere in den Abgrund hinab zu drücken scheinen, und die es dennoch schon seit manchem Jahrhunderte trug."

„Die dritte Insel ist etwas niedriger, weniger zugespitzt und besteht gleichfalls aus Basaltsäulen, aber hier liegen sie, und zeigen auf den beyden entgegengesezten Seiten ihr Untertheil, und ihren senkrecht abgestuzten Gipfel; auf der andern Seite des Berges sieht man die dreyeckichten Stäbe der Länge nach liegen. Die zwey Enden der Säulen sind nicht von gleichem Durchschnitt, so daß ihre Schichten Holzstößen gleichen, deren Scheiter gegen den Gipfel zu kleiner und dünner sind, als am Fuße. Die Lava ist hier ein wenig schwärzer, als auf den andern Inseln, ihre Körner sind kleiner und mit etwas Zeoliten vermischt."

„Die vierte Insel ist ein wenig niedriger, als die beyden leztern, sie enthält einen Haufen krystallisirter Säulen, die kleiner sind als die übrigen, und in unordentlichen Aufhäufungen auf einander liegen; sie scheinen von einem Mittelpunkt auszulaufen, und sind außen größer, und dünner gegen den Gipfel zu. Die Natur dieser Lava ist von besonderer Beschaffenheit, sie ist grau, hart, schwer, die Körner lassen sich nicht unterscheiden. Anfangs hatte sie viele tausend kleine runde Löcher, in denen sich weißer, undurchsichtiger, weicher, in kleinen Fäden ausstrahlender Zeolit ansezte. Diese Schwängerung von fremdartiger Substanz macht den Fels sehr dicht und feste. Auch die leztern beyden Inseln haben

haben auf ihren Gipfeln und an den höckerichten Theilen ihrer Seiten Thonerde."

„Die Bildung der vier jezt beschriebenen Inseln stellt ein Phänomen dar, welches nicht unwichtige Fragen veranlassen könnte. Keine von ihnen kann als ein besonderer Vulkan angesehen werden; sie haben keine Kratere, und alle kegelförmigen Hügel, die aus Vulkanen entstanden sind, bestehen aus bloßen Schlacken und Lavastücken, die sich um den Feuerheerd anhäuften, der sie von sich spieh. Hier giebt es keine Schlacken, die ganze Lava ist fest, und besteht, obgleich in krystallisirte Dreyecke abgetheilt, doch aus so großen Massen, die unmöglich, so wie sie hier liegen, aus einem Vulkan geworfen worden seyn können."

„Alle Basalte, die man bisher gefunden hat, sind Theile eines Lavastroms, den man bis an den Krater, woraus er herabstürzte, oder bis an die Felsritzen verfolgen konnte, durch die er den Ausweg fand. Die Cyklopeninseln aber sind abgesondert, hängen von keinem Lavastrom ab, sind sowohl von einander selbst, als von der Küste und von den Bergen getrennt, weiter als eine Meile vom Lande, von tiefer See umgeben. Es läßt sich kein Grund denken, wie der Lavastrom, mit dem sie je zusammen gehangen hätten, abgeschnitten worden seyn könnte; weil keiner von irgend einer Richtung auf sie zuströmte, keiner ihre Höhe hat, und keiner aus der nämlichen Lava besteht. Auch durch das Wasser können sie nicht nach Art der Kalkfelsen gebildet worden seyn, weil sonst ein beträchtlicheres Kalkgebürge vorhanden seyn müßte, zu dem sie gehört hätten, welches aber auch nirgend zu sehen, noch dessen ehmaliges Daseyn zu vermuthen ist."

„Ich

„Ich glaube daher, daß sie aus dem Grund des Meers emporgetrieben worden sind, daß sie einem Lavastrom ihr Daseyn zu danken haben, der sich mitten durch den Grund der Erde den Weg bahnte, und dann in vertikaler Richtung mitten aus dem Wasser emporstrudelte. Eben so wie das Wasser durch Druck getrieben wird, nur gewaltsamer werden auch sie durch den Druck einer großen Menge vulkanischer Materie, die im Bauch des Etna verschlossen war, vielleicht dahin gedrängt worden seyn, haben da den wenigsten Widerstand gefunden, und sind auf diese Art bis zu ihrer jetzigen Höhe emporgestiegen." *)

„Dies ist keine unwahrscheinliche Muthmaßung; die Inseln tragen die Spuren ihres Ursprungs auf ihrem Gipfel. Jener graue Thon, womit sie alle bedeckt sind, ist nicht vulkanisch, nicht durchs Feuer verändert, er ist vielmehr schlüpfrig und zügig. Man kann ihn nicht auf diesen schroffen Gipfel hingebracht haben, und er ist auch keine Würkung von aufgelößter Lava. Wenn diese Inseln durch Ströme vom festen Lande abgerissen worden wären; so würde die weiche Thonerde die Gewalt jener Ströme nicht ausgehalten haben, sie wäre aufgelößt und weggeschwemmt worden seyn, und die Lava würde nackt da liegen geblieben seyn."

„Dieser Thon scheint mit dem Meeresgrund von einer und derselben Natur, die Lavaströme haben folglich ein Stück Grund-

---

*) M. Faujas de Saint Fond spricht von einem Lavafels, den man mit diesen Inseln vergleichen könnte; ob er schon nicht krystallisirt ist und Basalt enthält. Er scheint auch in vertikaler Richtung zwischen dem Granit empor gedrungen zu seyn, den er sprengte. Volcans éteints du Vivarais p. 365.

Grunderde, da wo sie durchbrachen, mit sich empor gehoben, und dieses Stück blieb dann auf ihren Gipfeln liegen, um das Geheimniß ihrer Entstehung zu erklären. Drey von jenen Inseln, deren Gipfel kleiner sind, als ihr Grund, haben nur wenig Erde auf ihrem Rücken, und der Ueberrest ist auf den ungleichen Höckern ihrer Seiten liegen geblieben.,,

„Die Bildungsart dieser Felsen muß nothwendig viel zur Krystallisation der Lava beygetragen haben, denn ich werde gleich zeigen, daß die dreyeckichte Gestalt des Basalts nichts anderes, als eine Würkung der Verkürzung ist. Die weiche Materie muß in dem Augenblick, da sie durchbrach, von dem Seewasser, das sie umfloß, geronnen seyn; sie konnte sich mithin nicht abwärts senken, wie dieses ohne dieses schnelle Gerinnen der Fall gewesen seyn würde; ein neuer Lavaschub mag diese nun schon geronnene Materie noch mehr emporgetrieben haben, und so hob sich nach und nach die Insel aus den Fluten empor und erhielt ihre jetzige Höhe. Da wo der Auswurf wahrscheinlich sehr vertikal geschah; erhielt der Berg eben diejenige Erhöhung und Gestalt, die eine solche Menge von Materie ihm verschaffen konnte, und die Säulen blieben gerade auf ihren Basen stehen; wo aber der Strom seine senkrechte Richtung verließ, da sank die Lava auf einer Seite nieder, und die Säulen blieben niedergebeugt liegen. Wer weiß, ob nicht sogar die Absätze der Basalte auf der zwoten Insel ihren Grund in dem Nachlassen des Forttriebs der flüssigen Materie haben, wovon der obere Theil eher geronnen seyn mochte, als die nachschiebende Lava ins Wasser heraus gequollen war und die Würkung der Verdichtung empfand. Wäre diese Vermuthung richtig; so würde dann jeder Absatz den neuen Zugang der Lava bezeichnen,

nen, den die nach und nach fortschreitende Bewegung des Lavastroms verursachte. Ganz und von gleichem Rumpf würden die Säulen seyn, wenn der ganze Lavaschub schnell und mit einemmale heraus gebrochen wäre; so wie dieses unter andern Umständen der Fall war." Ich hielt mich bey diesen Thatsachen gerne etwas länger auf; weil sie nicht unwichtig sind, und bey andern ähnlichen eben so sonderbaren Naturerscheinungen zu einiger Aufklärung dienen können."

„Die Basalte der Cyklopeninseln sind inzwischen nicht das einzige, was man auf diesen Seebergen findet; das Meer selbst enthält unfern vom Ufer und am Gestade eine unzählige Menge kleiner Gruppen, wo die Prismen von verschiedener Gestalt und Lagen unter einander liegen. Die gewöhnlichste Lage ist die Pyramidenförmige, wo die Dreyecke von einem gemeinschaftlichen Mittelpunkt auslaufen; sie sind oft drey, vier, fünf, oft sogar sieben und achtwinklicht, und die Absätze sind theils mehr, theils minder deutlich. Bey einigen ist die Lava sehr schwarz, bey andern grau, aber eine so wie die andere enthält Zeolit."

„Am äußersten Ende des kleinen Dammes, der den Barken beym Dorfe Trizza zur Sicherheit dient, befindet sich eine sehr schöne Gruppe von Basalten in prismatischen Pyramidensäulen, deren Gipfel sich in ein Centrum vereinigen, und von dortaus Strahlenartig auslaufen."

„Die ganze Gruppe hält nicht mehr als zehen Fuß im Durchschnitte, sie würde gleichsam ein Kabinetsstück abgeben, wenn man sie unzerbrochen hinweg bringen könnte; ihre Absätze sind sehr tief, und deutlich bezeichnet."

„Die

„Die Berge, welche im Halbzirkel um das Dorf la Trizza herumlaufen, sind gleichfalls voll von Basalten, ihr ganzes Inwendiges besteht aus solchen, und man sieht sie an jeder Stelle, wo das Wasser den Thon und die kalkartige Materie weggeschwemmt hat. Alle Spitzen sind mit solchen Bruchstücken angefüllt, wovon manche bis zum Fuß hinab laufen. Die sämmtlichen Säulen haben die Formen und das Maas eines einzigen Geschosses und enthalten Zeolit, der alle Hölungen ausfüllt. Man findet auch die nämliche Substanz in den Oeffnungen der Schlacken, die nahe bey den Basalten liegen." — „Die Grenzen eines Briefs erlauben mir nicht, tiefer in die angenehme und interessante Beschreibung jener Berge einzugehen; dieser Theil des Etna ist gewiß der schönste und wichtigste seines ganzen Umkreises."

Noch einige Bemerkungen über die Stadt und Vestung Katanea, umgeben mit der Lava des Etna vom Auswurf des Jahrs 1669.

Wir kamen nach Katanea zurück, nachdem wir alle die Lavaströme nochmals besehen hatten, wovon das Gebiet dieser Stadt zu verschiedenen Zeiten überschwemmt worden ist; einige von den ältesten tragen schon seit mehreren Jahrhunderten Fruchtbäume und andere Erderzeugnisse; aber keine von diesen Laven erhält so deutlich die Spur der Verwüstung, stellt so auffallend das Gemälde einer Verheerung dar, als die lezte, die alle Fluren um Katanea im Jahr 1669 umwälzte, ganze Dörfer ruinirte, einen Theil der Stadt verderbte, und nachdem der Lavastrom einen neuen Wall um

ihre

ihre Mauern aufgeworfen hatte, damit endigte, daß er sich ins Meer ergoß und eine Strecke des Hafens ausfüllte.

Eben diese fürchterliche Lava, die gleich einer eisernen Mauer das Kastel der Stadt umgiebt, und längs den Wällen funfzig bis sechzig Fuß hoch hinläuft, zeigt dem Auge nichts als einen Haufen schroffer nackter Felsen, und wird sie ihm noch lange zeigen, weil sie erst nach Jahrhunderten fähig seyn wird, nur die leichtesten Gräschen hervor zu bringen. Fürwahr ein Anblick, der das Auge mit Unlust erfüllt, weil ihm die schwarze Farbe einen traurigen Anstrich giebt!

Zweyte Reise auf den Etna.

Die Witterung schien uns jezt wieder so günstig, daß wir auf einen anhaltend reinen Himmel rechnen zu dürfen glaubten, und der Berg war ganz von Dünsten befreyt. Der Kanonikus Recupero, unser Rathgeber und Führer, versicherte uns, der Zeitpunkt, unsere Reise auf den Etna wieder anzutreten, sey nunmehr erschienen.

Um acht Uhr des Morgens verließen wir daher Katanea. Der Wind blies schwach aus Nord-Ost und trieb durchsichtigen Rauch aus Etna's Mündung. Kräuselnd brach sich die Rauchwolke in den Lüften und verschwand mehr als zwanzig Meilen weit über dem Meere. Muth und Hoffnung beflügelten unsere Schritte, aber bald durchströmte wieder bange Erwartung unsern Busen, als wir nach kaum angetretener Wallfahrt eine kleine Wolke senkrecht auf dem Krater erblickten, die uns nicht größer als ein Hut vorkam, und unbeweglich auf ihrer Stelle blieb.

Nicos

Nicoloſi, ein volkreiches, aber in Rückſicht ſeiner Lage trauriges Dorf hatten wir erreicht. Blaſi, ein berühmter Führer durch die Labyrinte des Etna, ward aufgeboten, ſein Ruhm iſt unter dem Namen des Cyklopen bekannt, den ihm die Reiſenden beygelegt haben.

Weniger ſchön und minder befruchtet fanden wir den zwölf Meilen langen Erdſtrich von Katanea bis Nicoloſi, als die Gegenden von Giara aus, gegen den Berg. Nicht jener Reichthum, nicht jener Ueberfluß des goldenen Zeitalters birgt hier, wie dort, mit Früchten und Blumen die veralteten Ueberbleibſel der Verheerung.

Nur allzuneu liegen hier die traurigen Würkungen des Vulkans dem Wanderer offen vor Augen. Nur Laven, Schlacken und Aſche, nur Zerrüttungen und Umſtürze decken hier das Land, und wenige Erdlagen zeugen noch von der herrlichen Fruchtbarkeit der Erde, ehe ſie ein Raub der Zerſtörung geworden war.

Eine Meile über Nicoloſi liegt der Berg Monte Roſſo, berühmt durch den Auswurf ſeiner Lava von 1669, die bis Katanea ſtrömte und es, wie wir oben erwähnt haben, gleich einem Walle umgab. Der Schlund öffnete ſich unmittelbar an einem ältern von gleicher Höhe, der gegenwärtig befruchtet iſt, aber Roſſo, der vor mehr als hundert Jahren ſpieh, ſcheint erſt geſtern aufgehört zu haben. Seine Oeffnung hat noch die Farbe des Verbrannten, ſein ganzer Umfang beſteht noch aus gebrannter glaſartiger Aſche, und zwo Meilen im Durchſchnitt zeigt ſich noch nicht die mindeſte Spur von Befruchtung. Arabiens Sandwüſten geben keinen ſchrecklichern Anblick dem Reiſenden, als dieſe Gegend.

Ueber Nicolosi findet man eine Art von Herberge, St. Nicolo dell' Arena genannt; ehmals ein Krankenhaus, oder auch ein Erholungsort für die Mönche Benediktiner-Ordens zu Katanea. Weiter hinauf, etwas mehr gegen Abend, hatten sie vor diesem von den Normännern einen Feldraum erhalten, worauf sie ihre erste Wohnung errichteten; allein Etna's Flammen vertrieben sie, und St. Nicolo ward ihre Zuflucht. Ein großes Kloster bauten diese Väter in der Folge zu Katanea selbst; allein das Erdbeben zerstörte auch dieses und zwang sie zu Anfang des jetzigen Jahrhunderts ein neues Kloster zu errichten. Endlich versezten sie gehäufte Unfälle in die Lage, jezt einen Pallast bewohnen zu müssen, der ein respektables Gebäude darstellen würde, wenn nur die Väter ihre Verschönerungen mit mehr Geschmack anzubringen gewußt hätten. Uebrigens fanden wir zu St. Nicolo die ganze Frugalität der alten Cenobiten, nämlich vier Eyer für die acht Personen, die unsere Gesellschaft ausmachten.

Vier Uhr Nachmittags war es, als wir wieder aufbrachen; ein Abendwind hatte sich inzwischen erhoben, die kleine Wolke am Gipfel des Etna war gewachsen, und bedeckte das ganze Haupt des Gebürges. Trauriger Ahndungen voll durchgiengen wir den Wald, der den Berg umgiebt, und von Region zu Region eine Scheidewand macht.

Alte gekrümmte Eichbäume und Eschen ersezten hier die Stelle jener unermeßlichen Kastanienbäume, Birken und Tannen, und die Lava, die einst den Wald durchströmt hatte, theilte ihn in mehrere einzelne Schläge. Gewiß nirgend so sehr, als hier, läßt sich der Eigensinn der Feuerströme wahrnehmen;

Ansicht der Ziegenhöle am Oetna.

nehmen; hier lagen große Bäume entwurzelt durch ihre Gewalt, und dort standen dünne Baumstämmchen abgesondert, aber unverschrt und verschont. Hier hatten sie einen Baum in einer Entfernung von funfzig Schritten entzündet, dort war ein anderer unbeschädigt geblieben, an dessen Wurzeln sie vorüber rollten.

Diese Erscheinung läßt sich aus der Natur der Lava erklären, die, sobald sie sich von der Mündung des Vulkans entfernt, sich mit Schlacken, einer Art von Bergharz vermischt, welches von etwas leichterer Natur ist, oben hin schwimmt, von Luft aufschwillt, erkaltet, sich durch die Bewegungen der untern, noch fortlaufenden Materie mit Geräusch fortrollen läßt, und wenn es an einen Gegenstand anstößt, die Richtung des Stroms ändert, ohne zu entzünden, wie solches die unten hin laufende Lava selbst thun würde; weil diese flüssiger, schwerer ist, und ihre Hitze länger beybehält, weswegen sich solche auch immer ein Bette auswühlt und öfters lange im Verborgenen brennt; auch oft Gegenstände entzündet, ehe sie an sie gelangt.

Die Ziegengrotte auf dem Etna.

Dieser sieben Meilen lange Wald führte uns nach der Ziegengrotte, die aus einer Art von Schlackenschaum gebildet ist. Gewiß eine lebhafte Einbildungskraft wird erfordert, um hier die Höle des Polyphem zu finden, denn sie gleicht dieser nicht mehr und nicht weniger, als unser Führer einem Cyklopen. Nichts ist elender, als diese Grotte, te, denn sie hält kaum sechs Personen und ist so niedrig, daß man nur gebückt in ihr stehen kann. *)

Heftiger ward der Wind und kälter noch beym Untergang der Sonne. Unser Führer ward nachdenkend; allein seine Furcht blieb ohne Folgen, denn kaum hatten wir die Wolken am Gipfel zertheilt gesehen, so aßen wir mit Freuden unser Abendbrod. Noch nicht eilf Uhr war erreicht und schon befanden wir uns wieder auf der Reise. Fackeln hatten wir zwar angezündet; allein der immer stärker blasende Wind mochte sie verlöschen. Finsterniß umgab uns dichte und Mann an Mann mußten wir treten; so oft der Fußsteig sich krümmte, uns rufen, um den Weg nicht zu verfehlen. Einer verlor den Mantel und wir mußten ihn missen; das Pferd eines andern war kaum mehr zu finden, als er abstieg; acht Meilen Wegs mußten wir kriechen, auf einer Bahn, die zwar nicht rauh, nicht holpericht ist, aber erfüllt mit Krümmungen und gefahrvollen Hohlwegen, die nur die bewundernswürdige Klugheit unsers Führers uns vermeiden half. Mehrere Schneelager von ewiger Dauer hatten wir schon zurückgelegt, und heftig war die Kälte, die wir empfanden,

---

*) Als ich die Gegend der Laven durchzog, fand ich Grotten, wovon immer eine tiefer war als die andere, und die sämmtlich in den Lavaströmen sich gebildet hatten. Ich halte sie für Theile jener ungeheuren Blasen, die die kochende Lava aufwirft, und welche, wenn sie kalt werden, diese Figur beybehalten. Auf eben diese Art ist die Ziegengrotte entstanden, in welcher die Beobachter des Etna gewöhnlich eine ziemlich unangenehme Nacht zubringen, um vor Sonnenaufgang auf den Gipfel des Berges zu gelangen.

Des Grafen von Borch Briefe über Sizilien S. 97.

den, als wir am Rande des schrecklichen alten Feuerschlundes ankamen, welcher drey Meilen im Durchschnitt enthält.

Hier, in diesem Durchschnitt, Piano del frumento genannt, ist es, wo sich seit Jahrhunderten drey Berge oder Vulkane bildeten, und aus der Mündung des mittelsten, höchsten, wallen jene unaufhörlichen Feuerwolken hervor. Wahrlich! man vergißt sie nie, die Empfindungen, von denen man sich ergriffen fühlt, wenn man sich diesem seltsamen schrecklichen Orte naht, diesem Orte, der für Sterbliche unzugänglich, nur den Gottheiten der Hölle gewidmet zu seyn scheint. Hier ist die Natur fremde; hier ist kein Wachsthum; kein Hauch eines lebendigen Wesens stört hier das Schweigen der schreckbaren Nacht! todt ist alles, oder nichts hat vielmehr noch zu leben angefangen; hier ist keine Vereinigung der Dinge, hier ist das Chaos der Elemente! Aetherische Luft drückt auf uns nieder, erschüttert unser Daseyn und lehrt uns ein Wesen kennen, das uns zuruft: hier sey der Mensch außer der Sphäre, an die seine Organe ihn ketten! Man fühlt hier ganz den Eindruck der Kühnheit, glaubt in die Werkstätte der Natur eingedrungen zu seyn, um ihre Geheimnisse zu verrathen; man zittert über das Gewagte und fühlt Stolz über seinen Muth. Kurz diese Ebene schien uns ein Heiligthum, und der Schein, der uns zur Leuchte diente, das Urfeuer, welches älter, als die Welt, ihr die Bewegung gegeben hatte.

Entflammte Dünste, die aus dem Schlunde emporstiegen, waren das einzige Licht, das diesen unermeßlichen Raum geheimnißvoll erleuchtete. Jezt waren wir in der Mitte der Ebene und das Feuer schien uns in einen Rauchstrom verwandelt.

Der aufgehende Mond erhellte die Gegend und gab der ganzen Scene eine andere, nicht minder furchtbare Gestalt; wir glaubten sie für Hekatens Geheimnisse bestimmt.

Der Tag war noch sehr weit entfernt, unsere Pferde waren bis zum Knie in Asche gesunken, sie konnten nicht mehr gehen, noch schnauben; die Kälte nahm zu. Uns diente ein Stück Lava zum Ruheplatz, das einzige hervorragende Wesen auf der weiten Ebene. An ihm lehnten wir uns an, vergruben uns in den Sand und drängten uns zusammen, um warm zu werden; Liquor sollte uns innerliche Wärme geben, aber seine Würkung war Schlaf. Unglücklich hätte dieser für uns werden können, wenn man uns Zeit dazu gelassen hätte; allein nach einem Stündchen Ruhe sezten wir unsern Weg weiter fort.

Die halbe Dämmerung verkündigte den Tag, um uns war die Dunkelheit entschwunden, da noch der ganze Erdball unter uns in Schatten lag.

Wir hatten unsere Pferde zurück gelassen, denn der Wind war in einen Sturm ausgeartet, und stunden am Fuß des lezten Berges, als unser Cyklop uns benachrichtigte, daß, diesen ersteigen zu wollen, vergebliche Mühe seyn werde. Aber wir wollten ihn sehen, und einige von uns klommen schon hinan, als er uns noch zu hindern suchte. Zum Glück waren wir alle von gleichem Muthe beseelt, und unser Führer war folglich gezwungen, uns zu folgen; er that es, aber er murmelte dabey verschiedene Bemerkungen in den Bart, die wir weder verstanden, noch verstehen wollten. So leicht der übrige Theil des Gebürges zu ersteigen ist; so schwer, ja fast unmöglich ist dieser lezte Buck zu erklimmen.

Blos

Bloß von ausgeworfenen Schlacken empor gethürmt, die so gebrannt, so leicht sind, daß sie unter dem Fußtritt zermalmen, oder ausglitschen, läßt sich fast hier kein Schritt thun, ohne zu fallen und sich zu beschädigen; und was die Hindernisse vermehrt, ist fliegender Sand, womit der Wind die Augen anfüllt. Wir mußten auf allen Vieren kriechen, um nicht rücklings hinabzustürzen und unglücklich zu seyn, und blindlings, weil unsere Augen voll Staub waren, den die unterirdische Gewalt mitten unter den Rauchwirbeln emportreibt, und den der Wind nicht selten bis nach Calabrien führt. Bey großen Ausbrüchen will man diesen Sand sogar auf Malta niederfallen gesehen haben.

Der Rauch mehrte sich beständig, und war für uns ein drittes Hinderniß, indem er uns ungefähr dreyhundert Klafter vom Gipfel plötzlich stille zu stehen zwang, und uns zu ersticken drohte.

Nieder zur Erde mußten wir uns werfen, schnell mußten wir zurückkehren und erst funfzig Klafter weiter hinab konnten wir wieder athmen.

Ein zweyter Versuch folgte dem ersten; an der Windseite suchten wir den Gipfel zu erklimmen; aber wir waren kaum auf die Rückseite gekommen, als wir den Wind so heftig fanden, daß das Gewicht unsers Körpers zu geringe war, um ihm zu widerstehen. Keinen Fuß konnten wir aufheben, ohne Gefahr hinab zu stürzen.

Die Sonne kam allmählig hervor und wir mußten den gehoften Gegenstand unserer Neugierde aufgeben; weil wir

sahen,

sahen, daß wir vergeblich gegen unüberwindliche Hindernisse streiten würden.

Wir kamen also unter dem Winde zurück, und ungeachtet des heißen, schweflichten, erstickenden Rauchs, der uns umgab, zitterten wir doch vor Kälte.

Sehr wenig konnten wir durch diesen Rauch vom Aufgange der Sonne wahrnehmen, konnten dabey keinen Gegenstand unterscheiden; allein kaum war sie zu einiger Höhe emporgestiegen; so entdeckten wir sehr deutlich gegen Abend die Beschattungen des Etna, welche jene ganze westliche Gegend Siziliens noch in tiefes Dunkel einhüllten.

Die höher steigende Sonne verdrängte die Schatten, und zeigte uns Gradweise eine Aussicht, die Etna von allen Gebürgen der Erde, durch seine außerordentliche Höhe, durch seine abgesonderte Lage, allein zu geben vermag; weil die andern hohen Gebürge in Ketten dahin laufen und durch entgegenstehende kleinere Berge außer Stande gesezt sind, eine weite freye Aussicht zu gewähren. Die Ufer der Insel scheinen hier nichts anderes, als der Fuß des Berges zu seyn. Malta glaubten wir zu sehen; allein wir konnten es nur durch die bekannte Lage unterscheiden; aber deutlich sahen wir die Gebürge von Palermo bis Jaci, den Berg Erix, Trapani, die ganze weite mittägliche Küste, und das Meer bis zu einer großen Entfernung. Kapo Pachinum, Syrakus, Augusta, den See von Lentini, die reichen Ebenen Leontiums und den Gipfel der Berge, welche fernen Gewölken glichen.

An der Seite des Adriatischen Meers überschauten wir eine unermeßliche Seestrecke, ohne jedoch einen Gegenstand beson-

besonders unterscheiden zu können. Italien und die Liparischen Inseln entzog uns die Rauchwolke. *)

So sehr wir gewünscht hätten, vom Gipfel des Etna aus alle die schönen Gegenstände zu zeichnen; so unmöglich fanden wir es und wird es jeder finden; ob es gleich sehr interessant seyn müßte, eine Darstellung von jenem unermeßlichen Umkreiß zu geben, den man hier von allen Seiten übersicht, das Ganze von jener Menge unzähliger Vulkane in ein Gemälde zu vereinigen, die in der Entfernung, in welcher man sie erblickt, kleinen Hügeln gleichen, welche bald mehr bald minder befruchtet sind, je nachdem sie länger oder kürzer ausgebrannt haben; jener unermeßlichen Strecken Lava, die vom Gipfel bis hinab zum Meere geronnen sind und noch verhärtet das Ansehen von Flüssen haben. Dies alles sind schrecklich schöne Erscheinungen. Von Gegenstand zu Gegenstand kehrten wir unsere Blicke verwunderungsvoll auf uns selbst zurück, und wir waren erschrocken über unsere eigene, von Kälte und Luft fast unkenntlich gewordenen Gestalten.

*) Von den verschiedenen Arten, die Höhen der Berge abzumessen, ist die Abmessung mittelst des Barometers die zweckmäßigste; weil man sich dessen auch bey solchen Gebürgen bedienen kann, die vermöge ihres Erdreichs die Anbringung eines Triangels nicht verstatten; auch hat man dabey nicht die Unbequemlichkeit Instrumente mit sich schleppen zu müssen, die leicht verdorben werden können. Eben deswegen haben auch die Physiker diese Methode immer vorgezogen, und um ihr denjenigen Grad von Untrüglichkeit und Bestimmtheit zu geben, zu dem sie gebracht werden mußte, um Gewißheit zu gewähren, suchten sie gewisse Regeln festzusetzen, um das Gleichgewicht der Erhöhung einer Linie des in der Röhre eingeschlossenen Quecksilbers, nach Verhältniß der leichtern oder schwereren Luft zu bestimmen.

Die Ruinen des Philosophenthurms.

Wir stiegen mit vieler Gefahr von diesem lezten Hügel wieder herab; und mit dem Bewußtseyn, daß ihn wenige Personen nach uns erklimmen werden. Auch versicherte uns unser Cyklop, daß man gewöhnlich bey dem Philosophenthurm stehen bliebe. Ein Ort, vor dem wir bey finstrer Nacht vorbey gekommen waren, ohne ihn gesehen zu haben, und wo uns unsere Pferde erwarteten.*)

Dieser berüchtigte Thurm, der Gegenstand so verschiedener Meinungen, den die allgemeine Sage dem Empedokles zuschreibt, welchem er zum Observatorium gedient haben soll, um die Ausbrüche des Etna zu beobachten, ist gegenwärtig nichts mehr, als ein unförmlicher Steinklumpe, den der Flugsand des Berggipfels bald mehr, bald minder deckt. Jezt war er zween Fuß hoch über dem Boden zu sehen; allein was wir sahen, war so sehr zerstört, daß wir keine Spuren von seiner Bauart mehr zu entdecken vermochten, außer daß er auswendig viereckicht, inwendig oval gewesen ist. Beobachtungen, die sehr wenig Aufklärung über seine eigentliche Bestimmung gaben.

Einige halten ihn für einen Wachtthurm; aber dies ist sehr unwahrscheinlich, denn nur drey Monate vom Jahr wäre er zu bewohnen gewesen, nur ungefähr vierzehn Tage lang hätte man seine Zeichen erblicken können, und selbst dann

---

*) Bartels und andere Reisende haben doch Muth und Beharrlichkeit genug gehabt, diesen so verrufenen Gipfel Etna's zu erklimmen; aber sie wurden freylich auch dafür mit dem Anblick aller Reichthümer der Natur unbeschreiblich belohnt.

ü.

dann hätten ihn Kälte und Schwierigkeiten wegen Hinanbringung der Lebensmittel und Unterhaltung des Feuers, fast unbewohnbar gemacht. Sollte er ein Grabmal gewesen seyn? — Gewiß ein seltner Einfall!

Die natürlichste Vermuthung bleibt also immer: er war ein Observatorium, um Beobachtungs-Instrumente sicher aufstellen zu können.

Das Werk selbst war römisch, nämlich schichtweise Backstein und Bruchstein; weißer Marmor hatte ihn einst bekleidet, von dem wir einige Stücke noch fanden und mit hinweg nahmen.

Zu Katanea zeigt man noch einen großen Stein, mit eingehauener kleiner Verzierung, welcher von diesem Thurm weggebracht worden ist; eine solche unnütze Pracht war aber dem Geschmack eines Philosophen gewiß nicht angemessen.

Dieser Umstand und die Erinnerung an die Reise des Kaisers Hadrian, der einst auf dem Rückzug aus Egypten begriffen, die Sonne auf Ætnas Höhen aufgehen zu sehen wünschte, erregte bey uns die Vermuthung, es sey vielleicht für ihn dieses Gebäude errichtet worden, und wir fanden nichts, was dieser Vermuthung widerspräche.

Um das Jahr der Stadt Rom 877, Christi 123, zur Zeit dieses Kaisers, war vielleicht die Mündung des Berges nicht höher, als die Stelle des Thurms, ob man gleich gegenwärtig noch anderthalb Meilen und drüber zu steigen hat, um sie zu erreichen, und sie jetzt gewiß hundert Klafter höher ist.

Wir

Wir beschlossen dieses schauervolle Grab des Encelasdus *) zu verlassen, und bestiegen unsere eben so sehr, wie wir, von Kälte zitternden Pferde. Jezt kehrten wir auf dem nämlichen Steige zurück, auf welchem wir emporgestiegen waren, nämlich über Aschen und Lava, denn Bimsstein wirft Etna nur selten.

Mit unsern Augen verschlangen wir die herrliche Landschaft, denn sie war ein Schauspiel, nur einmal für unsere Blicke bestimmt. So ermüdet unsere Pferde waren; so sicher und leicht war der Weg und bald hatten wir die Ziegengrotte wieder erreicht.

Hier erst verließ uns unsere Neugierde, sie war befriedigt, und wir fühlten jezt die Beschwerlichkeiten unserer Reise.

Ohne Appetit aßen wir den Ueberrest unserer mitgebrachten Lebensmittel, und unsere Ermattung, als wir wieder zu Pferde stiegen, war so groß, daß wir fast den ganzen Weg bis nach Katanea schliefen. Wir erlangten diese Stadt Nachmittags um drey Uhr und zwar bey einer Hitze, die dem Grade nach der Kälte das Gleichgewicht hielt, die wir in den obern Regionen des Berges hatten ausstehen müssen. Gewiß dieser Kontrast während eines Zeitraums von zwölf Stunden, ist so außerordentlich, daß er demjenigen immer ein Traum bleiben wird, der ihn empfand.

Wir halten uns für sehr glücklich, hier noch die Beschreibung einer Reise beyfügen zu können, die der Herr Comman=

---

*) Virgil hat bekanntlich den Tod dieses ungeheuren Riesen beschrieben, den Zeus mit dem Donnerkeil erschlug und unter den Etna begrub.

mandeur de Dolomieu auf diesen Berg unternahm. Seine Erzählung ist um so interessanter, weil sie mancherley sehr angenehme und wichtige naturhistorische Bemerkungen enthält, die dieser gelehrte Reisende fast an Ort und Stelle niederschrieb. *)

Ich habe Ihnen — schreibt er — mein lieber Abbé, einige Details über den Etna zu liefern versprochen, und ich rechne mirs zum Vergnügen, Ihnen jezt Wort halten zu können. Wenn ich mich von der Menge der Gegenstände hinreißen lassen wollte; so würde ich ewig fort erzählen müssen. Denn ob ich gleich schon anderthalb Monate in dem Reiche dieses berüchtigten Feuerbergs wohne; so kann ich doch noch nicht aufhören, ihn anzustaunen, und in seinen Erzeugnissen zu bewundern; aber seine Geheimnisse sind undurchdringlich, und ich bin weit entfernt von allen seinen Erscheinungen durchgehends unterrichtet zu seyn. Ja, ich habe nicht einmal das Geschenk des Aufschlusses über seine Flammen, über die Materie, die ihnen zur Nahrung dient, über die eigentlichen Umstände, die seine Auswürfe bestimmen, über die Tiefe seines Feuerschlundes, über seine innerlichen Zweige und Adern, über die Gewalt, die seine Lava achtzehnhundert Klaftern und drüber über die Meeresfläche emporwirft und über eine Menge andere Dinge erhalten. Ich habe seinen ganzen weiten Fuß umreist, habe mich mehrmals seinem Gipfel genaht,

habe

*) Ich werde hier diese, in einem Brief an den Herrn Abbé de Non eingekleidete Reisebeschreibung nur im gedrängten Auszug und möglichster Kürze mit Uebergehung alles dessen liefern, was schon oben gesagt ist.

habe unzählige Bemerkungen gemacht, und würde doch bey allem dem nicht im Stande seyn, von dem Resultat eines einzigen Versuchs genaue Rechenschaft zu geben. Dieses unermeßliche Gebürge erfordert ein ganzes Menschenleben, um es nach allen seinen Theilen zu studieren, und es wird doch niemand gewiß behaupten können, jeden für den Naturkundigen wichtigen Gegenstand entdeckt und angezeigt zu haben, als derjenige, der stets am Fuße des Berges wohnt.

Der Chevalier *Gioanni* ist der würdige Gelehrte, der dieses mühevolle Geschäfte übernommen hat, und man kann hoffen, daß dieser mit so vielen Kenntnissen begabte Mann, der zu Katanea das öffentliche Amt eines Lehrers der Naturgeschichte, und mit ausgezeichnetem Ruhme bekleidet, seine unzähligen Beobachtungen, die Früchte seiner vielfältigen Reisen auf den Etna einst bekannt machen werde.

Der Weg von Nicolosi ist der angenehmste, und daher auch der gewöhnlichste, den man wählt, wenn man den Etna besuchen will. Man durchreist eine prachtvolle, mit Bäumen, Dörfern und Landhäusern bedeckte Gegend. Ich besuchte nach und nach San=Agata, Trapetto, San=Gregorio, Valverde, Aci=Bonacorsi, Viagrande, Pedara, Tre=Castagne, und kam immer wieder nach Nicolosi zurück, wo ich mein Absteigequartier hielt.

Die Menschengattung, die in diesen Dörfern wohnt, ist die schönste in Sizilien, die mehresten Weiber haben griechischen Wuchs und Antlitz, Stirn und Nase in einer Linie, die Augenbraunen sind nicht gekrümmt und laufen eher etwas gegen oben zu, wodurch die Gestalt ein edles Ansehen gewinnt. Die Franzosen indessen finden wenig Geschmack daran, an, denn ihnen scheinen unregelmäßige Schönheiten besser zu gefallen. *)

Eine weniger heftige Hitze, als zu Katanea, reinere Athmosphäre; mehr Behäglichkeit, als in der Stadt; gleichere Glücksgüter, sind eben so viele Ursachen, die sich vereinigen, um den Bewohnern dieser Gegend des Etna ein heiteres Ansehen, Kraft und Wohlhabenheit zu geben, die man sonst nirgends findet. Herr Brydone mußte wahrlich einen sonderbaren, starken Anfall von übler Laune haben, als er behauptete, daß diese braven Leute wilden Menschen, schwarzen stets zum Meuchelmord bereiten Cyklopen glichen.

Die

---

*) Bartels rühmt gleichfalls die Schönheit dieser Weiber. „Unter ihnen — sagt er — waren einige, die ich unter die größten weiblichen Schönheiten, die ich je sah, rechne, besonders sah ich ein Weib, das an Majestät einer Juno, und an Liebreiz einer Venus glich. Ein großes, schwarzes, rollendes Auge blickte voll Geist umher, und ein ächt griechisches Profil mit sanftem Roth gefärbt, erhöhte ihre Schönheit, ein langes, locktiges, braunes Haar, gab ihr ein gewisses wildes, schwärmerisches Ansehen, sie glich einer reizvollen Bacchantin. Sie hatte nach der dasigen Landessitte, ein braunes vierecktiges Tuch über ihren Kopf geworfen, das bis auf die Hüften herabhieng. Bey solennen Gelegenheiten ist dies mit Gold und Schnüren besetzt, und von verschiedener Farbe. Sie hatte keine Reihe großer Bernsteinkorallen um ihren Hals, die man, wie sie die Weiber hier gewöhnlich tragen, lieber kleine Kugeln nennen sollte; dies bewieß, daß sie noch Mädchen war, denn dieser geschmacklose Schmuck, ist Vorzug der Weiber. Eine sonderbare, hier durchgehends gebräuchliche Sitte ist, daß die Weiber ihre Kinder nur aus einer Brust stillen und die andere austrocknen lassen, sie glauben, daß dadurch die Milch an Güte gewinne und den Kindern weit zuträglicher sey. — Aber nicht nur die Schönheit, sondern auch die Arbeitsamkeit und Gutthätigkeit dieser Weiber ist rühmenswerth. Bartels im 21. Brief.

Die Kühlung der Athmosphäre, die reizende Lage aller Häuser, die Bäume, die sie umschatten, ein Gefilde voll Fruchtbarkeit; der Anblick der See und der Stadt Katanea, der Aufgang der Sonne, die eben diesen Theil des Gebürges bestrahlte, und daselbst Leben und Thätigkeit verbreitete; mit einem Wort, alles vereinigte sich, um uns das lachendste Schauspiel darzustellen. Jede neue Lage schien mir vorzüglicher, als die vorhergehende, ich verließ keine Gruppe von Bäumen und Wohnungen, ohne mir selbst mit der Zurückkunft dahin auf einige Zeit zu schmeicheln; fürwahr es kostete mir Ueberwindung, mich von allen diesen anziehenden Gegenständen loszureißen; aber der Anspruch auf die Würde eines Naturkundigers rufte mich zum Gipfel des Berges hinan. Ich verließ also mit Mühe eine der schönsten Landschaften der Natur, um mich in eine schwarze Nacht hineinzuwerfen, in düstre traurige Wälder einzudringen, wo jeder Gegenstand mit demjenigen kontrastirte, was mir der Morgen dargeboten hatte. Ehe ich aber in die Gegenden des Feuers und des Schnees komme, hier noch ein paar Bemerkungen!

Sie können sich keinen Begriff von der Fruchtbarkeit desjenigen Theils vom Etna machen, den man *Piomontese* zu nennen pflegt. Die ungeheure Menge von Fruchtbäumen aller Gattung und besonders von Maulbeerbäumen, geben dieser Gegend das Ansehen eines dichten Gehölzes, und doch gerathen hier der Wein, das Gemüße, das Getraide und alle Arten von Erdfrüchten mitten unter dem Schatten solcher Bäume vortrefflich. Allein so gerne ich den Einwohnern dieses Paradieses überall Gerechtigkeit wiederfahren lasse; so kann ich ihnen doch den Lobspruch, die Fruchtbarkeit der

Gegend

Gegend bewürkt, oder merklich erhöht zu haben, nicht bey-
legen; der Natur gebührt er allein. Die Sizilianische Trägheit in Rückscht auf den Feldbau ist hier nicht minder, wie
überall, anzutreffen. Es war im Jun. als wir reisten, und
noch waren die Weinberge seit der lezten Erndte nicht bestellt.
Viele Felder liegen brach, aber ohne Zuthun der Menschen,
ohne Bearbeitung, ist dennoch die Fruchtbarkeit so groß,
daß alles mit Pflanzen und Stauden bedeckt ist, das Graß
ist so hoch und dichte selbst auf den Wegen und Fußpfaden,
daß ich mich am Gehen behindert sah; es giebt so fette Nahrung, daß das Vieh nicht selten von Fettigkeit krank wird,
und ihm zur Ader gelassen werden muß. An manchen Orten
stößt man auf Lavaströme, die noch ihre schwarze Farbe haben, und gegen das frische Grün sehr abstechen. Diejenigen, auf welchen die Befruchtung in einzelnen Pflanzen ihren Anfang genommen hat, versprechen unendlich viel, wenn
man von der Größe und Vollkommenheit ihrer Erstlinge auf
das schließt, was sie dann hervor bringen werden, wann
einst die Bearbeitung der Luft und des Regens ihre harte
Oberfläche mehr erweicht und das Lavaartige zerstört haben
wird.

Auf der Seite von Katanea ist der Abhang des
Etna nicht einförmig und gleich, eine Reihenfolge von Hügeln und Ebenen dehnen sich rings um seine Seiten her und
laufen gleichsam wie eine Leiter bis zum Gipfel desselben hinan. Der Fuß des Berges ist auf dieser Seite weit ausge-
breiteter, als auf den andern. Hier haben sich die Kräfte
des unterirdischen Feuers am heftigsten gezeigt. Die häufigen Lavaströme, die aus dem Abschuß des Etna hier hervor-
gebrochen sind, drangen bis ins Meer hinab, und dehnten
selbst

selbst in diesem Elemente den Fuß des Berges funfzehn Meilen weiter aus, als an den andern Seiten; woher es kömmt, daß auch sein Abhang hier minder jäh ist und die Vegetation und der Anbau mehr Raum gewonnen hat. Oft strömten Lavaflüsse in Parallellinien vorwärts hinab, und bildeten Thäler aus den Zwischenräumen, die sie von einander trennten; diese Thäler selbst bieten Betten für neue Lavaströme dar, die noch kommen sollen, und nach dem Beyspiel vom Jahr 1669 auch kommen werden, denn damals wurden mehrere solche Zwischenräume ausgefüllt. Die Lava, welche in sich die Keime zur größten Fruchtbarkeit trägt, wird sie jedoch erst für künftige Geschlechter entwickeln, und bewürkte indeß das Unglück des gegenwärtigen Theils vom Menschengeschlecht, der jene Gegenden bewohnt.

Wie viele Familien, durch die Ueberschwemmung dieser Feuerfluten zum Bettelstab herabgeworfen, sahen ihren mütterlichen Boden auf immer vor ihren Blicken verschwinden, alle ihre Reichthümer von dieser schrecklichen Materie geraubt, indeß diese für die späte Nachwelt ein Erdreich bereitet, das an Fruchtbarkeit das eben überschwemmte gewiß übertreffen dürfte.

Von *Nicolosi* aus ändert sich die Scene, alles nimmt hier das Gewand der Verheerung an, zwo Meilen im Umkreis sind mit schwarzer und röthlicher weicher Asche bedeckt, die vom Winde bewegt, dem wogenden Meer gleicht. Im Mittelpunkt dieses Aschengefildes hebt sich ein konischer Hügel aus dunkelrothen Schlacken gebildet empor, dies ist der *Monte Rosso*. Von seinem Fuß aus lauft ein Lavastrom, den sein hundert und zwölfjähriges Daseyn, Dichtheit, Rauheit

heit seiner Oberfläche und die Rabenschwärze seiner Farbe noch nicht zu rauben vermochte. Ein anderthalb Fuß großes, der Oeffnung eines Schmelzofen ähnliches Loch war die Quelle, wodurch er sich Luft machte. Die Lava war bey ihrem Ausfluß sehr dünne und schmal, breitete sich aber im Herabrollen so sehr aus, daß sie drey Meilen breit und ungeheuer dicke wurde. So durchlief sie die ganze Region *Piomontese*, durchbrach alle Gegenstände, die ihr in den Weg kamen, drang durch **Katanea** und stürzte sich hinab ins Meer.

Diese Lava trägt da, wo sie ihren weitesten Umfang hat, das Bild der Hölle oder des Chaos und macht einen außerordentlichen Eindruck auf den, der sie zum erstenmal erblickt. Tiefe Klüfte und Höhlen stellen sich hier, und große Klumpen von Schlacken und geschmolzener Materie dort dem Auge dar, und man begreift nicht, wie sich jene an den jähen Abschüssen gleichsam in freyer Luft erhalten haben können. Diese Beschreibung solcher Gegenstände gehört inzwischen für den Maler und Dichter, als Naturforscher muß ich Ihnen erklären, warum ein Lavastrom, dessen Oberfläche, so lange er strömt und fortquillt, einförmig und konvex ist, so rauh und unregelmäßig werden kann, wenn er geronnen ist.

Die Oberfläche der Lava gerinnt durch die Berührung der Luft, erhält eine dichte Rinde, die auf beyden Seiten am Boden anstarrt, auf dem sich die Lava verbreitet, und die folglich gleichsam eine Brücke bildet, unter welcher die flüßige Materie ihren Lauf fortsezt. Wenn nun diese Materie sich sehr anhäuft, wird der Kanal zu enge, die Rinde mit Gewalt und Geräusch durchbrochen, und an beyden Seiten des Stroms unter einander gestürzt. Sucht und findet hingegen die flüßige Lava am Abhang der Rinde einen Ausweg; so strömt sie unter der obern Bedeckung hinweg, es entsteht eine Hölung, ein leerer Raum; die Rinde, ihrer Stütze beraubt, sinkt zusammen und erzeugt Ritzen, Löcher und Ungleichheiten von aller Art. Hat endlich diese Oberfläche Zeit gehabt, Festigkeit und Dichtheit genug zu gewinnen; so entsteht daraus ein Gewölbe, das sich selbst im Gleichgewicht erhält, und nach dem Abfluß der Lava, weite Grotten bildet, von denen welche sehr geräumig von Umfang und so regelmäßig sind, daß man sie für Werke von Menschenhänden halten sollte. Es giebt solche Grotten, die drey bis vier deutsche Meilen lang, drey bis vier Klaftern breit, und zehen bis zwanzig Fuß hoch, und deren Seitenwände so glatt sind, als wenn Künstler sie polirt hätten. Diese weite unterirdische Gänge, deren Etna mehrere aufzuweisen hat, geben großen Aufschluß über gewisse sonderbare Erscheinungen der Vulkane.

Der *Monte Rosso* liegt eine halbe Meile über Nicolosi und mag ungefähr dreyhundert Klaftern hoch seyn. Es ist schwer, auf seinen Gipfel zu gelangen; weil die Schlacken, woraus er besteht, unter den Füßen weichen, und man stets in Gefahr ist, zu fallen. Der Gipfel des Rosso macht zween einander entgegenstehende hohle Ausschnitte, und zwey gegen einander über sich zeigende Hörner. Dies ist aber auch die Figur, welche fast alle vulkanische Berge um den Etna herum mit einander gemein haben.

Es ist nicht nur ein einziger Krater, welcher aus dem innern des Berges in die Höhe lauft, sondern es sind zween

fast

fast gleich große und durch eine etwas niedrige Bergribbe getrennte Becher. Der Rand dieser Becher, so wie ihr Innerstes, ist von sehr lebhafter röthlicher Farbe, die Schlacken und Asche bestehen hier fast blos aus lauterer Eisenerde, und gleichen dem Colcotar. *)

Keiner von diesen Kratern hat jemals eine eigentliche Lava enthalten, und die, welche aus dem Fuß des Berges hinab ins Meer strömte, kam aus der nämlichen Oeffnung, die auch jene Schlacken und Asche von sich warf, nur mit dem Unterschied, daß sie ihren Ausfluß nach unten zu suchte, ohne in die Trichter empor zu steigen, welche nicht genug Haltung gehabt haben würden, sie zu fassen.

Die beyden ebenbeschriebene Kratere sind es nicht allein, die zur Bildung des Rosso beygetragen haben, es befinden sich noch zween andere am Fuß desselben gegen Westen, die ihre Schlacken mit den beyden erstern vermischen, die sie aber nicht höher, als 20 Klafter um sich herum in die Höhe werfen. Eine Menge anderer, in der Nähe befindliche Kratere haben gar keine Schlacken um sich hergehäuft; sie sind bloße Aushöhlungen, die Asche von sich spieen, und der gemeinschaftlichen Feueresse sowohl bey der berüchtigten Eruption vom Jahr 1669, als auch noch lange nachher, zu Luftlöchern dienten, aus denen heftige Rauch- und Luftströme fuhren. Viele von diesen Aushöhlungen laufen durch tiefe unterirdische Gänge zusammen.

N 3   Einer

---

*) Colcotar ist eine Art rothen Vitriols, oder auch das Caput mortuum vom distillirten Vitriol.

Einer von den Bechern, welcher 150 Fuß Nordwest vom Berge liegt, ist tiefer als die andern, und wird la Fossa genannt. Er ist zirkelrund und mag ungefähr vierzig Fuß tief seyn. Der Rand dieses Schlundes ist jäh, aber doch nicht so sehr, daß man nicht hinein steigen könnte. Mitten in diesem Trichter ist ein Loch, das einem Brunn gleicht, drey Fuß im Durchmesser hält, und ungefähr dreyßig Fuß tief seyn mag. Es hängt mit einem weiten Kanal zusammen, in den ich mit unsäglicher Mühe hinein drang und ihn durchkroch, indem ich mich an den Höckern der Lava festhielt. Ich befand mich am Ende desselben in einer abwärts laufenden Gallerie, deren Boden einen Winkel von dreyßig Graden mit der Fläche des Horizonts macht; sie ist über zwanzig Fuß hoch und breit. Ich stieg ungefähr funfzig Fuß tief hinab und fand dann, daß sie immer enger und niedriger wurde, und beynahe in einen senkrechten Abschuß auslief. Dies hielt mich zurück, und ich wagte es nicht, weiter hinab zu steigen, weil mir wegen der voraussichtlichen Schwürigkeiten niemand folgen wollte, kein Licht vorhanden, und die Grotte blos durch die Oeffnung des Kraters dunkel erhellt war. Nach und nach gewöhnte ich meine geblendeten Augen an diese Finsterniß und bemerkte, daß die Halle gerade durch einen Lavastrom hindurchlief, dessen Materie sehr feste, hart und außerordentlich dichte ist, weil ich über zweyhundert Fuß weit auf selbiger hineingedrungen war. Sie ist mit Rissen und unförmlichen Klumpen angefüllt; ein Beweiß, daß die Krystallisation des Basalts nie die Frucht einer langsamen Erkaltung ist, und nicht an jeder in großen Massen angehäuften Lava Statt findet; denn alle diese Umstände sind hier beysammen, und man findet keinen Basalt. Wie lange Zeit

war

war wohl erforderlich, um das Gerinnen einer so dichten und gehäuften Lavamasse zu bewürken. *)

In dieser Gallerie findet sich viel durchgeseigtes Wasser, welches durch die Ritzen rinnt und eine Art von Regen macht, von dem ich bald durchnäßt ward. Indessen giebt es hier keine Zeoliten, woraus sich schließen läßt, daß die Bildung dieser Substanz noch einen andern Umstand heische. Ich erstaunte über einen so häufigen Durchdrang des Wassers durch ein Erdreich, welches mir so trocken zu seyn schien, weil seine Oberfläche mit Asche bedeckt ist, die vom Sonnenstrahl in ununterbrochener Wärme erhalten wird. Dieses Wasser muß von dem Gipfel des Etna herabkommen, es fließt zwischen der Aschenschichte und der harten Lava hin, und man kann sich eben daher leichter erklären, wie es kömmt, daß auf diesem dem Anscheine nach so kahlen Erdreiche so schnell Pflanzen und Graß hervorwachsen. Es erhält näm-

lich.

*) Man begreift leicht, daß diese Gallerie so, wie alle die Kratere, die über ihr sind, blos durch das Zerreißen jener dichten Masse entstanden seyn müsse, die eine sehr haltbare Rinde überzogen hatte, und man kann hieraus folgern, wie groß die Gewalt der Dünste seyn mußte, die da durchbrachen und alle die Trümmer vor sich verschleuderten, die ihnen im Wege lagen; denn das Feuer selbst hat keine Schnellkraft, als wenn es lufterfüllte Substanzen, die sehr elastisch sind und viel Ressort haben, in Bewegung setzt. Oft sind sogar diese Auswürfe mit keinen Flammen verbunden, und dann fahren diese Materien unberührt von der innern Erde, wovon sie der Luftstrom mit einer außerordentlichen Gewalt losreißt, hervor. Die Menge verschiedener Materien, welche der Vesuv ohne Erschütterung von sich wirft, sind Beweise, daß alles, was ein Vulkan von sich speyt, nicht in seinem Heerde enthalten gewesen ist.

lich dieser trockne Boden hierdurch die gehörige Feuchtigkeit. Während meines halbstündigen Aufenthalts in diesen unterirdischen Gängen fühlte ich eine außerordentliche Kälte; ich untersuchte die Ursache davon, und fand, daß ich mitten in einem aus dem Grunde der Oeffnung hervorkommenden Luftstrome stand. Der Chevalier de Boßredon und die andern Personen, welche im Kessel des Krater am Rande dieses Brunnen zurück geblieben waren, sagten mir, sie hätten abwechselnd kalte und warme Windstöße gefühlt, woraus man abnehmen kann, daß dieser Kanal das Luftloch von einer Esse seyn müsse, die noch nicht zu kochen aufgehört hat. *)

Vom Gipfel des *Monte-Rosso* hat man nahe unter sich einen alten Berg *Mont-Pelliero* genannt, der sich durch seine außerordentliche Fruchtbarkeit auszeichnet: Monte Rosso ist zur nämlichen Fruchtbarkeit bestimmt, und der Zeitpunkt ist vielleicht nicht mehr fern, wo er eben so wie Pelliero mit Bäumen und Pflanzen bedeckt seyn wird. Schon haben die Einwohner von Nicolosi der Natur vorgearbeitet, schon haben sie Weinberge am Fuße des Rosso in jenem Sandmeere angelegt, das ihn umgiebt, haben an jedem Reben eine Art von Mistbette angelegt, und es ist ihnen auf diese Art gelungen, die Fruchtbarkeit zu beschleunigen. Auch Gebüsche von Feigenbäumen findet man hier, die mitten aus der Asche hervorragen, und mit der schwarzen Farbe derselben artig kontrastiren. Man behauptet, diese Feigenbäume

seyen

---

*) Ich brachte einige Proben von Lava, die ich da fand, mit ans Tageslicht, sie ist von grauer Farbe, an Härte dem Porphyr gleich, ohne Poren und mit keinen fremden Materien, weder mit Schorls, Chrysoliten noch Feldspath vermischt, sondern dem Felskiesel gleich.

seyen älter als die Eruption vom Jahr 1669, welche die ganze Gegend mit einem dicken Aschenregen bedeckte.

Sie schienen viele Jahre verdorrt zu seyn, aber seit dreyßig oder vierzig Jahren treiben sie wieder starke Aeste hervor.

Ganz unwahrscheinlich ist diese Behauptung nicht, denn man weiß, daß Aeste und Stämme z. B. von Orangenbäumen, wenn sie gleich abgehauen sind und längst vertrocknet scheinen, doch noch fähig sind, Aeste, Wurzeln und Blätter zu schieben.

Hier sah ich auch den *Monte-Veturo*, er liegt mitten im Walde, sein Fuß ist Zirkelrund, seine Gestalt kegelförmig, sein Gipfel eine etwas eingebogene Ebene; sein Krater ringförmig gleich einem Bombenkessel.

Da, wo die waldichte Region anfängt, liegt eine Menge vulkanische Berge, von denen jeder durch eine besondere Eruption sein Daseyn erhielt.

Sie sehen einem Paternoster ähnlich, das um den Etna herumlauft, und diejenigen, welche nicht mit Wäldern bedeckt sind, hat man mit Weinreben bepflanzt; sie tragen Holz auf ihren Gipfeln und der Rand so wie die Höhlung ihrer Trichter sind gleichfalls mit Gebüsche bedeckt.

Ich muß hier die Bemerkung machen, daß die meisten Reisenden irren, wenn sie behaupten, das Alter dieser Berge müsse nach dem Verhältniß ihrer Fruchtbarkeit und nach der Größe der Baumstämme beurtheilt werden, denn die Schlacken, woraus sie bestehen, sind von verschiedener Art, einige mehr, andere minder zerstöhrbar, und erstere sind denn auch

natürlich eher fähig Gras und Stauden hervorzubringen.
Oft befördern auch die häufigen Aschenregen des Etna, die
Fruchtbarkeit einer Lava, die, wenn sie nicht damit bedeckt
worden wäre, vielleicht Jahrhunderte Zeit erfordert haben
würde, um nur die mindeste Pflanze hervor zu bringen. Zu=
weilen ist diese thonartige Asche so zügig, daß man sie zur
Töpferarbeit gebrauchen kann, und es war wirklich eine solche
Manufaktur bey dem Walde *di Santa Venere* angelegt. Im
Gegentheil giebt es wieder Lava, die so glatt und einförmig
ist, daß sie nie etwas anderes als nackten Fels zeigen wird,
von welchem das Wasser immer die wenige Erde weg=
schwemmt, die der Lauf der Zeiten daselbst sich ansetzen ließ.

Ich verließ Nicolosi um 5 Uhr Abends wieder und sezte
meinen Weg an der Spitze meiner Reisegesellschaft singend
fort, ohne zu bemerken, daß mein Architekt beym Eingang
in ein Holz zurück geblieben war, und als ich ihn bald dar=
auf vermißte, bildete ich mir ein, er habe sich entweder eine
beschwerliche Nachtreise ersparen wollen, oder werde bey der
Höhle wieder zu uns stoßen, wo wir zu übernachten beschlos=
sen hatten.

Der Weg wurde bald sehr steil, doch blieb er selbst im
Gehölze ziemlich bequem. Wir reisten nicht lange, als wir
die Veränderung des Klima gewahr wurden und uns in un=
sere Mäntel hüllen mußten. Die Bäume dieses Waldes sind
Steineichen und gewöhnliche Eichen, und einige von diesen sind
sehr schön. Sie stehen aber gar nicht dicht, weil die Be=
wohner des Bergfußes sie unaufhörlich aushauen. Alle diese
Wälder gehören dem Fürsten von Paterno zu, welcher Herr
des ganzen Gipfels vom Etna ist.

Wir

Wir langten noch vor Einbruch der Nacht bey unserer bestimmten Herberge, nämlich bey der Ziegengrotte an. Diese Grotte ist — so viel Mährchen auch Reisende von ihr erzählen mögen — ein bloßes Erzeugniß des Wassers, welches sie in einem dicken Lavafels ausspühlte, man kann nicht aufrecht darinn stehen, sie faßt nicht mehr als zwölf Personen, lauft nach hinten immer niedriger zu, und bildet blos eine Art von plattem Dache. Um uns vor der Kälte zu schützen, hieben wir, wie Reisende zu thun pflegen, einen dicken Baum ab und schürten ein starkes Feuer an, auch sammelten wir Blätter, um uns ein Lager zu bereiten, und Gras für unsere Pferde, und hielten hierauf selbst eine recht frugale Mahlzeit. Alles schlief nun ein, ich allein wachte und schrieb bis um Mitternacht, wo ich meine Gefährten aufweckte, aber nicht wenig erstaunte, als man mir die Nachricht brachte, die Pferde hätten sich losgemacht, und wären nirgends zu finden. Die armen Thiere hatten den Frost nicht mehr ertragen können und waren den Berg hinab gestiegen, um ein milderes Klima zu suchen.

Fast außer mir über dieses Hinderniß an der Fortsetzung meiner Reise, zumal da die Nacht zwar dunkel, aber schön, und der Himmel rein war, und alles einen vortrefflichen Morgen verkündigte, beschloß ich die zwölf Meilen, welche wir noch bis zum Ort unserer Bestimmung empor zu steigen hatten, der Beschwerlichkeit des Wegs und der schlüpfrigen Aschenerde ungeachtet, zu Fuße zurück zu legen; und begab mich, da die übrige Gesellschaft die Gefahr des Rückwegs scheute, mit einem von den Wegweisern und einer Bouteille Wein versehen, allein auf die Reise.

Wir

Wir waren keine halbe Meile gegangen, als mein Führer sich verirrte, und mich mitten in einem Lavastrom brachte, wo ich mich auf allen Seiten von jähen Abschüssen umgeben fand. Beynah bildete ich mir ein, der Mensch habe mich zwischen diese Abgründe gebracht, um mich zu ermorden, denn ich glaubte in seiner Figur ohnehin etwas zu finden, das mein Mißtrauen erregte, und die Verwirrung, die aus seinen Antworten hervorleuchtete, vermehrte meinen Argwohn. Ganz ohne Waffen, suchte mein Blick unruhig nach einem Werkzeug der Vertheidigung umher; allein außer meinem Messer fand ich nichts. Dies nahm ich unbemerkbar in die Hand, hieß ihn voraus gehen, und gab genau auf seine Bewegungen Acht; aber der arme Mensch, welcher keinen üblen Gedanken hatte, war eben so sehr in Verlegenheit, als ich. Mit Mühe gelangten wir aus den Labyrinten des Lavastroms, ich fiel mehrmals und ritzte mich an den Füßen, indeß fanden wir doch endlich den Ausgang des Gehölzes, und kamen in die *Regione Scoperta*, wo kein gebahnter Weg mehr ist, und wo man weiter nichts thun kann, als gerade zum Gipfel des Etna, zwischen dem *Monte frumento*, und dem *Monte Nuovo* hinan zu steigen, indem man einen länglichten Berg, Eselsrücken *Schiena d'Asino* genannt, rechts liegen läßt.

Schon freute ich mich, nunmehr kein Hinderniß mehr vor mir zu sehen, als ich unvermuthet über mir heftig, und wiederholt rufen hörte. Mein Wegweiser stand erschrocken still, und versicherte mich, dies könne niemand anders seyn, als Räuber. Ich theilte seine Furcht nicht mit ihm, denn ich konnte mir nicht vorstellen, was Räuber an einem so abgelegenen Orte zu suchen haben sollten. Auch sah ich bald

den

den Ungrund derselben ein, denn als ich mich dem Platz, von welchem das Geschrey herkam, näherte, fand ich meinen Architekt, an den ich gar nicht mehr gedacht hatte. Er lag auf seinem Maulthier und war halb todt vor Hunger und Frost; er hatte sich verirrt, und konnte den Weg zur Ziegengrotte nicht mehr finden, die Nacht übereilte ihn, und ihm blieb nichts anderes übrig, als immer vorwärts zu reiten und endlich hier zu warten, bis ich vorbey kommen würde, wo er mich dann bis zum Gipfel des Etna vollends begleiten wollte. Ich labte ihn, so gut ichs vermochte, mit ein wenig Wein; allein als wir vorwärts wollten, nahm sein Thier, das ohne Zweifel voraussah, daß es auf dem Gipfel des Etna seinen Hunger nicht werde befriedigen können, aller angewandten Bemühungen ungeachtet, den Weg abwärts, und dem armen Jungen blieb, wenn er nicht in einen Abgrund gestürzt werden wollte, nichts anderes übrig, als sich auf den Boden nieder zu werfen, wodurch er sich so weh that, daß er nicht weiter zu gehen vermochte, und ich ihn also, da ihm meine Gegenwart doch nichts helfen konnte, allein zurück lassen mußte, mit dem Versprechen, ihn bey meiner Zurückkunft hier wieder abzuholen.

Wir giengen, oder krochen vielmehr, und ich konnte nichts mehr unterscheiden, als die größten Lavaklumpen, die mich umgaben. Ich vermied sorgfältig die unermeßlichen Schneetiefen, die man hier unterhält, um die Stadt Katanea und die umliegende Gegend damit zu versorgen. Die Kälte war schneidend, doch erwärmte mich das schnelle Emporsteigen, denn ich eilte so sehr, daß es mir zuweilen an Odem fehlte, und ich stehen bleiben mußte, um wieder frische Luft zu schöpfen. Ich sezte mich nieder und ruhte einige Augenblicke am Fuß eines senkrecht herabhängenden Lavafelses, der mir einigermaßen zur Schutzwehre diente. Als wir endlich zum Philosophenthurm kamen, erklärte mir mein Wegweiser standhaft, er befinde sich so übel, daß er nicht mehr weiter könne, und er fiel auch wirklich, als er kaum ausgeredet hatte, sinnlos und todtenbleich zu Boden. Auch ihn brachten zwar einige Tropfen Wein wieder zum Bewußtseyn, aber weiter konnte er nicht, und ich mußte nun meinen Weg, von aller Begleitung entblößt, allein fortsetzen. Dies that ich, nahm aber meine getreue Weinflasche zu mir.

Gewiß meine jetzige Lage war so, daß jeder minder entschlossene Naturforscher, als ich, den Muth verloren haben würde. Finsterniß, Einsamkeit und Schweigen um mich her, kein Gras, keine Spur eines lebenden Geschöpfes, über mir in der Ferne Flammen und Rauch, die Etna's Schlund empor spieh; alles dies war doch wohl wahrlich fähig Schauer und Schrecken zu erregen. Aber meine Begierde nach neuen Entdeckungen übertraf dies alles; ich fühlte mich über mich selbst erhaben; allein und verlassen stand ich auf der Schaubühne jener großen Katastrophen der Natur, kannte weder meinen Pfad, noch die Gefahren, denen ich vielleicht entgegen eilte; bey dem allen aber hatte ich keine Furcht, als die, daß ich das mir vorgesezte Ziel nicht zeitig genug erreichen möchte.

Inzwischen fieng Aurora an den Horizont zu röthen; ich selbst sah mich von einer weißen stillen Flamme verklärt, die aus dem Gipfel des Etna über einer Spitze des Kraters emporloderte. Voll Begierde durchschritt ich die Ebene, die mich noch vom Fuß des beflammten Hügels trennte. Ich

traf

trat bald auf harten Schnee, bald auf schwarze Asche, die so weich war, daß ich bis aus Knie versank, und öfters in Trichter hinab zu stürzen glaubte, welche einen oder zween Fuß im Durchschnitt hatten und der Kegelform eines Ofen glichen, und aus denen gleichfalls unaufhörlich ein weiser brennender Rauch emporquoll.

Endlich langte ich am lezten Hügel an, aber jezt war auch noch die härteste schweißvollste Arbeit zu beginnen. Nach dem Rath meines Wegweisers und um dem Rauch auszuweichen, welcher durch einen Nordwestwind getrieben wurde, machte ich einen Umweg, um auf der Westseite hinan zu klimmen, aber ich fand hier so jähen Abhang, und so viele Anhäufungen von Schlacken, daß ich mit aller Anstrengung kaum zween Schritte vorwärts kommen konnte.

Als ich zehen Klaftern weit empor geklettert war, rollte ich eben so tief wieder herab und fand mich unter den Schlacken begraben. Endlich nach unerhörter Mühe und nachdem ich mir Gesicht und Hände zerschunden hatte, befand ich mich an der Mündung des Kraters, und zwar gleich nach Aufgang der Sonne. Hier sezte ich mich, um des Preißes meiner Bemühungen zu genießen; ich nahm meine Flasche und goß eine Libation zur Ehre der Physik und aller Naturforscher; ich trank das Bischen Wein, das mir übrig geblieben war, und warf die Flasche mitten in den Schlund des Kraters, damit, wenn einst eine Eruption es mit dem Lavastrom wieder herausschleudert, sich dann die Naturforscher mit Muthmaßungen die Köpfe darüber zerbrechen. Einige Augenblicke waren erforderlich, um wieder zu Athem zu kommen, und mich zu dem großen Schauspiel vorzubereiten, dem ich entgegen sah.

Die

Die Luft war rein, der Himmel helle, mein Blick übersah eine unermeßliche Strecke. Die Sonne stieg hinter Kalabriens Gebürgen hervor, und bestrahlte bereits den ganzen Etna, indeß ein Theil der Insel noch, mit dessen Schatten bedeckt, im dichten Dunkel lag. So wie die Sonne allmählig höher stieg, schienen alle diese Gegenden nach und nach aus dem Nichts hervor zu kommen, und ich stellte mir vor, von hier aus die Schöpfung zu regieren. Nie, ich muß es gestehen, genoß ich eines so großen, so unbeschreiblich erhabenen Anblicks. Sizilien lag zu meinen Füßen, und es kam mir vor, als dürfte ich nur Steine nehmen, und sie bis in die drey Winkel seines Triangels schleudern; so nahe hatte sie mir optische Täuschung gebracht. Aber ich unterlasse hier eine Beschreibung der Scene, die ich genoß, weil man sie in jeder Reisebeschreibung findet. *)

Für mich war der Krater von ganz anderem Interesse, auch zog er gar bald meine Blicke auf sich hin. Der Gipfel, welcher

*) Herr Bridone malt in seiner wahrhaft dichterischen Beschreibung des Etna, diese optische Täuschung sehr schön und ausführlich; und Etna scheint sie mit allen erhabenen Gegenden gemein zu haben. Er sagt darüber folgendes: „Alle diese Inseln scheinen durch eine Art von magischer Täuschung, die ich nicht erklären kann, ganz hart an dem Grunde des Etna zu liegen und ihn gleichsam einzufassen, so daß ihre Entfernung nicht zu bemerken ist. Vielleicht kömmt diese sonderbare Würkung daher, daß die Lichtstrahlen aus einem dünnern in ein dichteres Medium übergehen, welches nach wohlbekannten optischen Gesetzen machet, daß es dem Beobachter in dem dünnern Medio vorkömmt, als ob die Gegenstände, die auf dem Grunde des dichtern sind, sich erhöben, so wie sich ein Stück Geld in einem Becken zu erheben oder höher zu seyn scheint, sobald das Becken mit Wasser angefüllt ist.

welcher keine 300 Klaftern hoch ist,*) besteht aus Schlacken und andern Materien, die unter sich keinen Zusammenhang haben, und aus denen beständig Rauch emporwallt. An den innern Aushölungen kann man bemerken, daß er aus mehreren von einander unterschiedenen und nach und nach angeflogenen Schichten besteht, nach Maasgabe der verschiedenen Nüancen der Materien, die sich zu unterschiedenen Zeiten anhäuften, und sich stets nach dem Grunde bilden, den sie antreffen.

Der Buck oder Kegel ist nicht horizontal abgekappt, und lauft auch nicht in einen einzigen Gipfel aus, sondern er besteht aus vier Hauptspitzen oder Hörnern, die von einander abgesondert, in die Luft emporragen, und durch die, von einem zum andern laufenden Lippen des Bechers zusammen hängen. Der hohle Ausschnitt, der sie von einander trennt, hat folglich die Gestalt eines halben Mondes, drey von diesen Spitzen sind sehr hoch, die vierte ist etwas niedriger. Ungleich theilen sie den Krater in vier Theile, von denen drey um die innerste Höhlung einen ziemlich vollkommenen Zirkel bilden, und der vierte etwas einwärts läuft, vermuthlich durch die Würkung irgend eines Einsturzes. Ich stand ungefähr in der Mitte des westlichen Ausschnitts, hatte zur rechten die entflammte Spitze, wovon ich eben geredet habe, zur linken die niedrigste, und mir gegenüber, jenseits des Bechers, die höchste. Die Flamme, die mich seit meiner Ankunft auf dem Gipfel erleuchtet hatte, loderte nicht, wie ich Anfangs geglaubt hatte, aus dem Vulkan selbst empor,

*) Den Umfang dieses Gipfels schätzt Brydone auf wenigstens 10 Meilen. S. 168.

per, ich konnte auch nicht wohl begreifen, wie sich hier an einer so dünnen Spitze ein Kamin hätte bilden können; aber es war die Spitze selbst, die ihr zur Nahrung diente; eine Menge Schwefel hatte sich, durchs Feuer empor getrieben, angehängt, und brannte in einer ruhigen Flamme, die das Licht des Tages verscheuchte; jezt sah ich nichts mehr, als einen weißen dichten Rauch, der nicht höher, als zween Fuß empor stieg.

Der Umfang des Kraters erreicht keine halbe italiänische Meile oder 500 Schritte. *) Das innere desselben stellt keinen so geräumigen Schlund vor, wie ihn die Erzählungen mehrerer Reisebeschreiber angeben, aber er umfaßt eine Art von Ebene, die nicht tiefer als zwölf Fuß liegt, und jähe Seitenwände hat. Es schien mir unmöglich in dieses Becken hinab zu steigen, so groß auch meine Begierde war, es zu versuchen, denn die Versuche selbst waren eben so gefahrvoll, als unnütze. Dies konnte ich inzwischen sehr deutlich wahrnehmen, daß der Schlund mehrere kegelförmige Hügel in sich schloß, die vollkommen den Kohlbücken glichen, aus deren Oberfläche Rauch empor lodert, und in deren innerstem Feuer brennt.

*) Hier ist es schwer, die Widersprüche zu vereinigen: Herr Brydone, ein Engelländer, — und der Engelländer untersucht doch gewöhnlich nicht oberflächlich — sagt: „der gegenwärtige Krater dieses unermeßlichen Vulkans hat ungefähr viertehalb Meilen im Umkreise.„ S. 175. — Bartels, der aber durch Nebel und Wind an einer sehr genauen Untersuchung gehindert worden zu seyn gesteht; giebt den Umfang gar nur auf 60 Fuß an. Br. 21. und jeder Reisende wird vielleicht hier, wo die Einbildungskraft überhaupt so leicht zu täuschen pflegt, wo geometrische Abmessung nicht wohl eine Gewißheit erlangen läßt, ein anderes Maas angeben.

brennt. Ich zählte sieben solcher Hügel auf der Ebene im Krater, wovon der höchste 20 Klaftern hoch seyn mochte. Jeder hat oben eine kleine Oeffnung, aus welcher der Rauch stoßweise herausquoll; mitten auf dieser ebenen Fläche sah ich einen Trichter, der ungefähr zwanzig Klaftern im Durchmesser halten mag, dessen Tiefe ich aber nicht zu beurtheilen vermochte. Aus ihm, so wie aus einer unzähligen Menge kleiner Löcher im Krater und in dessen Rande, stieg unaufhörlich ein dichter Rauch, welcher nach Schwefel roch.

Dumpfes Geräusche hörte ich nicht, woraus ich ein unterirdisches Kochen hätte vermuthen können, alles schien mir im Zustand der größten Ruhe; aber dieser Zustand dauert auch nur kurze Zeit, und hat noch nicht lange seinen Anfang genommen, denn den ganzen Maymonat hindurch war der Berg in voller Arbeit, verursachte sogar mehrere Erderschütterungen, von denen diejenige, welche ich am 1. May zu Syrakus verspürte, ziemlich stark war. *)

Damals war der Gipfel mit Flammen und Rauch bedeckt, welches ich viele Tage lang von *Sortino* und *Lentini* aus beobachtete; das Gebrülle und Donnern war so heftig, daß man es auf Malta hörte. Es erfolgte keine Eruption, und die Thätigkeit des Vulkans beschränkte sich lediglich dahin, den Becher auszufüllen, und ihm seine jetzige Form zu geben, die er vielleicht nur kurze Zeit behalten wird.

---

*) Glücklich, wer so wie Herr von Dolomieu, den rechten Zeitpunkt trift, nur dieser, wenn er genugsame Kenntnisse besitzt, ist fähig eine wahre Beschreibung von der wahren Beschaffenheit des Etna zu liefern.

Die innern Abhänge des Bechers, und die Hörner oder Spitzen, von denen ich so eben sprach, sind mit roth und weißem Schwefel tapezirt, alle da befindliche Lavastücke und Schlacken sind gelb und weiß, welches die Folge der beständigen schweflichten Ausdünstungen ist. Der Rand auf dem ich saß, war so schmal; die Rinde so dünn und so wenig haltbar, daß ich es kaum möglich fand, mich darauf zu halten, und nur einen Schritt vorwärts zu thun; auch legte ich mich wirklich auf den Bauch, um desto bequemer ins innere schauen zu können, und stieg, als ich den Platz veränderte, einige Schritte abwärts, um sodann wieder schräg hinauf zu klettern. Ich blieb ungefähr anderthalbe Stunden auf dieser Höhe, um alle Gegenstände, die mich umgaben, genau zu beobachten, länger aber konnte ich es nicht aushalten, denn Kälte durchdrang mein innerstes, und weder mein dicker Anzug noch das öftere Wärmen meiner Hände am Rauche, der rings um mich her, aus dem Boden kam, war vermögend, mich dagegen zu schützen. *)

Nichts

---

*) Eine sehr sonderbare Bemerkung, die fast alle Reisende gemacht haben, welche den Etna besuchten, ist die, daß das ganze Erdreich, das den Krater umgiebt, mit dichtem und tiefem Schnee bedeckt ist, und daß dieser Schnee demohngeachtet nie von den unaufhörlich und mitten zwischen demselben emporsteigenden Flammen und Schwefeldünsten geschmolzen wird. Folgender Vers des Silius Italicus malt diesen Kontrast sehr schön und passend.

>   Sed quamquam largo flammarum exaestuat intus
>   Turbine, et assidue, subnascens profluit ignis,
>   Summo cana jugo cohibet, (mirabile dictu)
>   Vicinam flammis glaciem: aeternoque rigore
>   Ardentes horrent scopuli; stat vertice celsi
>   Collis hiems, calidamque nivem regit atra favilla.

Nichts destoweniger war mein Thermometer nur 4 Grade unterm Gefrierpunkte. Der Wind blies stärker, je höher die Sonne am Horizont stieg, und fast befürchtete ich, er möchte mich selbst und den Boden, auf dem ich stand, in die Tiefe des Bechers hinab schleudern.

Der Gipfel des Etna, mit dem Barometer abgemessen, ist ungefähr 1680 Klaftern hoch; ich sage ungefähr, weil dergleichen Ausmessungen wegen der Verschiedenheit der Barometer, nie die Zuverlässigkeit der geometrischen Abmessung gewähren.

Ich stieg fast mit eben so viel Beschwerlichkeiten hinab, als ich hinan gestiegen war; denn ich fiel bey jedem Schritte wieder unter die Schlacken hinein. Am Fuß des Hügels erregte ein ungeheures Lavastück meine Aufmerksamkeit. Es lag isolirt, war sehr compakt und wurde während der Eruption von 1780 fast senkrecht aus der Mündung des Vulkans geschleudert. Es muß mehr als 1000 Centner wiegen, denn es ist wenigstens 10 Fuß lang und 6 bis 7 Fuß breit. Welche Gewalt war nicht erforderlich, eine solche Masse empor zu werfen! Jetzt prüfte ich mit mehrerer Aufmerksamkeit, als ich es beym Hinaufsteigen konnte, die Fläche, welche dem höchsten Gipfel zur Grundlage dient, und ich kam auf die Vermuthung, daß diese der Rand des ehmaligen ungeheuer weiten Bechers zu jenen Zeiten war, als seine Ausbrüche noch weit fürchterlicher seyn mußten, als er jene Feuerströme aus seinem Schlunde spieh, die über seinen Rücken hinab rollten und selbst das Meer engten, und jene schrecklichen Lavafelsen aufthürmten, an denen die Gewalt der Wogen bricht. So viel ist gewiß, daß jene ältern Lavaströme größere Strecken

ein-

einnahmen und bedeckten. Welch ein Ueberfluß von Materie müßte zum Beyspiel nicht erforderlich seyn, um das riesenmäßige Vorgebürg zu erzeugen, auf welchem gegenwärtig die Stadt *Yaci Reale* liegt! Die Ruinen des sogenannten Philosophenthurms liegen südwärts am Eingang dieser Ebene, die eigentlich für den wahren Gipfel des Etna angesehen werden kann, weil der höchste Buck immerwährenden Veränderungen unterworfen ist, und sehr leicht wieder in den Bauch des Berges zurückfallen kann, wie es bey dem Ausbruch vom Jahr 1537 geschah. *)

Auf dem Rande des alten Bechers erblickt man verschiedene Lavaströme, die vermuthlich diese große Bocca ausgefüllt haben, und übergeströmt seyn mögen. Einige davon sind weit herabgequollen, andere kaum über den Rand hinaus. Unten sind zween große Berge, die so da liegen, als wären sie aus den Seiten des Etna heraus gewachsen; an gewissen Stellen scheinen sie ihre Gipfel mit dem seinigen zu vereinigen, und wenn man von Katanea aus sie erblickt, so bedecken sie Etna's Spitze ganz, ob sie gleich vielleicht 400 Klaftern niedriger sind als jene. Der eine gegen Südwest heißt *il Monte frumento*, weil er, wie man sagt, einem

---

*) Dieser alte Becher mag 2 Meilen im Umfang haben, seine Oberfläche ist ungleich, furchigt, und ein wenig convex, welches die beständigen Aschenanhäufungen verursachen. Alle abhängige Orte und Vertiefungen sind von sehr hartem, mit schwarzem Sand vermischten Schnee bedeckt, der auch gewisse regelmäßig laufende über 40 Fuß lange und tiefe Gräben füllt. Sie sind Behältnisse, welche die Natur hier angelegt hat, um den Schnee, wenn er in den untern Höhlen schmilzt, hier zu erhalten. Nicht ganz im Mittelpunkt dieser Fläche, sondern etwas mehr Nordwärts steigt der höchste Buck des Etna hervor.

nem Getraidehaufen gleicht. Er bleibt links liegen, wenn man den Etna besteigt, ist Ovalrund, hat zween entgegengesezte hohle Ausschnitte und mithin auch zwey Hörner. Eine tiefe Höhlung in seinem innern zeigt den Krater an, dessen Entstehungsepoche niemand weiß. Der andere gegen Südost heißt *il Monte nuovo.* Er ist die Frucht des Ausbruchs vom Jahr 1763 während welchem er, wie ein Ueberbein, aus dem Eselsrücken hervorwuchs. Vermuthlich war seine Gestalt Anfangs kegelförmig, aber ein Theil davon mag in der Folge erschüttert worden seyn, denn man erblickt jezt nichts mehr, als eine Spitze, eine Einbucht auf der Seite und keinen Krater. Diese beyden Berge und ihre Lage sind es, welche der Spitze des Etna, je nachdem man ihn von einem Standpunkte betrachtet, ein so mannichfaches Ansehen geben. *)

Meinen Wegweiser fand ich nicht mehr, er hatte sich ermannt und war zurück gekehrt, auch war er mir nicht mehr nöthig und ich wünschte ihm glückliche Reise. Ich forschte die Stelle aus, wo man unfern vom Philosophenthurm in den Wald zurück kehren muß, und erlaubte mir dann einige Abwege, um die einzelnen Parthien des Berges kennen zu lernen.

Mein

---

*) Ich fand auf der Fläche des Gipfels viele einzelne Lavaklötze von weißer kalksteinartiger Farbe; sie sind sehr hart, geben Funken, wenn man sie mit dem Stahl schlägt, und lassen sich schwer mit dem Hammer bearbeiten. Inwendig sind sie von grauröthlicher Farbe und enthalten Spuren von weißem Feldspath, wodurch sie der Natur des Porphyr nahe kommen, der ihnen zur Grundlage dienen mußte.

Mein Weg gieng Anfangs gegen Morgen zu, wo ich in ein kleines Thal hinabstieg, an dessen Ende ein abscheulicher Abgrund liegt. Hier muß ein Theil des Etna abgerissen seyn, man erblickt eine unglaubliche Zerstörung, und sieht hier die Spuren unzähliger Ausbrüche, die diese unermeßliche Tiefe hervor brachten. Dies waren unter andern die Eruptionen von den Jahren 1339, 1682, 1755. Der Wind war in dieser Gegend so schneidend, daß ich ihn nicht auszuhalten vermochte, oft warf ich mich zur Erde, aus Furcht hinweg geführt zu werden, und beschloß daher in niedrigere Regionen wieder hinab zu steigen. Je tiefer ich hinab kam, je mehr verminderte sich der Wind, bis er endlich, als ich den Wald verließ, sehr leidlich wurde.

Blos nach Anleitung der Merkzeichen, die ich mir gemacht hatte, und der Karte des Kanonikus Recupero, kam ich am Fuß des *Monte frumento* vorbey, und fand, als ich mich nach Westen wandte, die Mündung des neusten Lavastroms der Eruption von 1780. Diese Lava quoll heraus, ohne aus der Höhe des Berges hervorgeschleudert zu werden; sie entquoll sogar nur einer ganz kleinen Oeffnung, die, wie ich schon bemerkt habe, dem Loch eines Schmelzofens gleicht, und lief über eine ziemlich jähe Anhöhe hinab. Es blieb nichts davon in dem Bette, welches gegenwärtig ein bloßer Graben ist, an dessen Rand schwarze, leichte, blasenartige, regenbogenfärbige Schlacken liegen. Weder Hitze noch Rauch konnte ich mehr bemerken, und doch war kaum noch ein Jahr seit dieser Eruption verflossen.

Als ich meinen Rückweg fortsezte, sah ich mehrere solche Lavaflüsse, die zu verschiedenen Zeiten aus ähnlichen Löchern

chern geflossen sind. Einige glichen reisenden Strömen, die Stücken vom Berge mit sich fortrissen, so wie Giesbäche bey starkem Regen zu thun pflegen; und an den Klüften, die sie verursachten, konnte ich wahrnehmen, daß der Berg inwendig aus wechselsweise auf einander liegenden Schichten von Asche und Schlacken besteht, und daß die feste Lava — um mich dieses Ausdrucks zu bedienen — nur das Gebälke des großen Rauchfanges ausmacht. Ich traf hier auf einen großen Strom von weißlichter Lava, der dem Fuße des *Schiena d'Asino* entquollen ist, sich ein sehr tiefes Bette ausgewühlt, und dann in den Wald hinein gestürzt hat, wo er sich in mehrere Arme theilte. Diesen Strom fand ich noch oft auf meinem Wege, aber ich weiß die Zeit seiner Entstehung nicht anzugeben.

Endlich gelangte ich an den Platz des Ausbruchs vom Jahr 1766, wo die Lava ihren Lauf gegen Nicolosi zu nahm, und diesem unglücklichen Orte einen nochmaligen Untergang drohte. Eine sonderbare Erscheinung begleitete jenen Auswurf; die Oeffnung warf Anfangs blos Schlacken aus und diese bildeten eine runde Verschanzung, die den Lauf des nachfolgenden Lavastroms hemmte, ihm zum Becken diente, und als dieses voll war und die Lava überfloß, den prachtvollen Anblick einer feurigen Kaskade darstellte, die eben so flüßig war wie Wasser.

Die Vegetation, welche vom Gipfel des Etna gänzlich verbannt ist, fängt unterhalb des *Monte frumento* wieder an; hier zeigen sich wieder Gebüsche von Mutterkraut und dornichtem Genister, welches sich nach und nach vermehrt, mit Gesträuchen abwechselt, und immer höher wird, bis endlich

lich die Region der Eichen und des Gehölzes ihren Anfang nimmt. — Ein bloßes lächerliches Mährchen ist es, wenn man behauptet, auf dem Etna und zwar in der waldichten Region seyen alle Gewächse Indiens anzutreffen. Wie wäre es nur möglich im Ernste zu glauben, daß Pflanzen, für die weder die Temperatur des Bergfußes noch des übrigen Theils der Insel heiß genug ist, um fortzukommen, in einem so rauhen Klima wachsen können, als die Region der Wälder auf dem Etna ist? Ueberdieß sind alle kräuterartige Gewächse in diesen Gegenden sehr selten, weil der Boden unaufhörlich mit neuer Asche bedeckt wird und folglich ihre Wurzeln das feuchte Erdreich nicht erreichen können.

Als ich mich dem Walde näherte, welches ungefähr gegen 11 Uhr des Morgens seyn mochte, erblickte ich in der Entfernung einen Haufen Menschen und Pferde, worüber ich im ersten Augenblick staunte; denn ich hatte mich bereits allzusehr an den Gedanken gewöhnt, hier das einzige lebendige Wesen zu seyn. Allein ich erkannte gar bald meinen Reisegefährten, den Chevalier Bonfredon, der mich nebst meinen Leuten hier erwartete.

Die Südostseite, die sie gewählt hatten, war viel weniger mit Schlacken angefüllt und der Weg war weniger beschwerlich, als der auf dem ich hinanstieg. Sie konnten lange vor mir auf dem Gipfel des Etna ankommen, und waren sogar glücklich genug einen Abhang zu finden, auf dem sie in den Krater selbst hinabsteigen konnten; ein Wunsch, der mir nicht zu Theil geworden war. Sie durchgiengen die ebene Fläche im Becher, und fanden sie von unzähligen Oeffnungen durchlöchert, woraus beständig Rauch quoll. Lange

auf

auf dieser zerbrechlichen erhabenen Kruste zu bleiben, hielten sie indessen nicht für rathsam, sie stiegen daher sehr weißlich wieder aus dem Becher herauf, und fanden auf ihrem Zurückweg den Architekten und meinen armen Begleiter, die ich beyde hatte verlassen müssen. *) Ich hatte über 12 Meilen zu Fuße gemacht, und mein Magen forderte eher Befriedigung, als mein Körper Ruhe. Nach einer sehr frugalen, aber nichts destoweniger sehr angenehmen Mahlzeit, traten wir unsere Rückreise wieder an, und kamen vor dem großen Lavastrom vorbey, welcher im Jahr 1538 einen Theil der anmuthigen Gefilde von San Nicolo del Arena, von Nicolosi und Montpellieri überschwemmte und zur Unfruchtbarkeit verbannte. Diese Lava, ob sie schon über 240 Jahre alt ist, hat noch ganz das Rauche und Harte der Lavaströme und ihre Oberfläche fällt ins Weißlichte. Inwendig ist sie röthlich und häufig mit kryftallisirtem weißen Feldspath vermischt, der dem kryftallisirten Porphyr gleicht. Wahrscheinlich findet sich hier die Fruchtbarkeit nicht sobald ein, als auf der Lava des Auswurfs von 1669, die 140 Jahre jünger ist, aber eine weichere und höckerichte Oberfläche hat. Dies ist wieder ein Beweiß, wie wenig die Berechnungen des Alters der Lava nach dem Grad ihrer Fruchtbarkeit gegründet sind ꝛc.

Katanea, den 28. Juni 1781. Die

*) Es ist gewiß sehr ärgerlich, daß dieses Glück, das inwendige des Kraters zu betreten, nur der Reisegesellschaft des Herrn Kommandeur de Dolomieu und nicht ihm selbst zu Theil wurde, dieser gelehrte und eifrige Naturforscher würde gewiß nicht unterlassen haben, sich dem Trichter selbst zu nähern und dessen innerstes zu erforschen, welches aber seine Gefährten, entweder aus Furcht oder wohl gar aus Unkunde unterließen. H.

Die Ueberbleibſel eines alten Gebäudes nahe bey Katanea, welches noch jezt zu einem Waſſerbehältniß dient, und Capo d'Aqua heißt.

Eines der anſehnlichſten Monumente des alten Katanea war ſeine Waſſerleitung, lange ſah man ihre Ueberbleibſel an den Seiten und am Fuße des Etna. Der Ueberfluß und die Vortrefflichkeit des Waſſers, womit ſie die Stadt verſahe, ihre Größe und Feſtigkeit, machten ſie gleich merkwürdig.

Dieſes Denkmal hat ſeit Jahrhunderten allen möglichen Arten von Verheerungen Troz geboten, womit es ſowohl durch die Eruptionen des Etna, als auch durch die Barbaren bedroht wurde, die ſich nach und nach Siziliens bemeiſterten. Inzwiſchen thaten Kataniens Bewohner in der Folge ſelbſt das, was phyſiſche und politiſche Revolutionen nicht zu bewürken vermochten; ſie trugen den Aquedukt zu Ende des 16. Jahrhunderts faſt ganz ab, und bauten mit den Materialien die Mauern ihrer Stadt, ſo daß gegenwärtig nichts mehr übrig iſt, als ſechs Arkaden nahe bey Katanea an einem Plaze, Namens Sardo. *)

Wir

---

*) Si ſtendevano queſti acquedotti fino a Licodia feudo oggi di P. P. Benedettini. Ivi oſſervaſi il principio di queſto Acquedotto, che chiamano oggi la Botte del Acqua, il quale comminando per 18 miglia portava l'acqua in Catania, racchiuſa talora in Sotterraneo condotto e talora ſopra lunghe arcate; come il Viaggiatore agevolmente potrà oſſervare, portandoſi, con queſta guida ſopra la faccia del luogo. Queſto pezzo però, che eſiſte in due pezzi nel luogo di Sardo, uno conſiſte di quattro archi, ed il ſecondo in due, e porzione del condotto ſopra quei coperti dalla Schiara.

Viaggio in Sicilia del Principe de Biſcari, p. 36.

Wir waren begierig, die Quelle zu sehen, woraus dieser Aquedukt sein Wasser erhielt, und fanden auch wirklich einen Theil der Mauern dieses alten Gebäudes, das heutzutage *la Botte* oder *C'po d'Acqua* genannt wird, und zwischen Paterno und Aderno rechts an dem Wege liegt, der zu der leztern Stadt führt. Noch vier sehr reichhaltige Quellen vereinigen sich daselbst, und werden in einer viereckichten Piscina aufgefangen. Diese Piscina deckte ehmals ein sehr festes Gewölbe, von welchem jezt nur noch ein Theil übrig ist.

Der Tempel des Mars zu Aderno.

Das Fest der heiligen Rosalie zu Palermo ließ uns keine Zeit mehr übrig, vor dem 10. Julii, wo es seinen Anfang nimmt, Syrakus, Malta und die mittägliche Küste Siziliens zu bereisen; wir änderten also unsern Vorsaz und beschlossen sogleich das innere Land zu besuchen. Unser Weg gieng über Aderno, Centorbi, Castrogiovani, Termini und Palermo.

Von Katanea aus reisten wir zwischen dem Fuße des Etna und zwischen der Ebene von Lentini hin und kamen ungefähr 6 Meilen von da in das kleine auf bloßer Lava erbaute Dorf Misterbianco, wo man einige Ueberbleibsel von Alterthümern findet, die der Fürst von Biscari hat ausgraben lassen, die uns aber zu unwichtig schienen, um dabey zu verweilen. Vermuthlich waren es Wasserbehältnisse für Bäder bestimmt, wovon man die unförmlichen Reste gleichfalls noch sieht.

Zwey andere elende und wegen der ungesunden Luft ganz verlassene Dörfer, wovon das eine den Namen Belpasso führt

führt und deswegen merkwürdig ist, weil im Jahr 1669 der Lavastrom da seine Wuth ausließ, welcher einen Theil von Katanea verheerte, mußten wir gleichfalls passiren. Dieses arme Dorf mußte unter allen seinen Nachbarn die Wuth des Vulkans am meisten fühlen. Seit 1669 haben Lavaströme die Bewohner desselben dreymal verjagt, und man erzählte uns, man habe dem Dorf jedesmal nur eine andere Benennung beygelegt, und jezt hieße es seit einiger Zeit Malpasso, bis es einst wieder in den Zustand komme, seinen alten Namen Belpasso annehmen zu können, den es blos wegen der Fruchtbarkeit des ehmaligen Bodens geführt habe.

Vier Meilen weiter auf einem Berge liegt die Stadt Paterno, das alte *Hybla major*. Die Syrakuser zerstörten jenes, und die Normänner erbauten ein Schloß daselbst, welches jezt zu einem Gefängnisse dient. In dieser Gegend giebt es viele mineralische Quellen, die aber nicht unterhalten werden, und sich daher in dem Boden verlieren, wo sie Sümpfe verursachen und die Luft um Paterno verpesten. Demohngeachtet ist die Bevölkerung daselbst noch stark genug und man zählt zwölftausend Einwohner.

Aderno liegt zwölf Meilen von da, und der Weg dahin, der sich am Fuß des Etna hinzieht, ist von häufigen Lavaströmen durchschnitten, welches für Reisende sehr beschwerlich ist.

Der Eingang von Aderno läßt eine beträchtliche Stadt vermuthen, denn er besteht aus sehr ansehnlichen Gebäuden; allein dies sind meist nur Kirchen und Klöster und ein Kastell, das die Normänner erbauten, und dessen Lage sehr malerisch ist. Wir schliefen im Kapuzinerkloster und besahen des andern

dern Tages mit einem gelehrten Kanonikus die Reste des alten *Adranum*, die man zerstreut auf den Feldern suchen muß. Die erste Ruine, zu welcher er uns führte, war der Marstempel außerhalb der alten Stadt. Als Christen die Stadt zu bewohnen anfiengen, widmete man diesen Tempel dem heiligen Johannes, jetzt aber liegt er größtentheils in Trümmern. Plan und Bauart kann man indessen noch deutlich erkennen, und sogar ein Theil der Auszierungen ist noch vorhanden, die einen zwar einfachen aber erhabnen Styl verrathen. Vor der Pforte erblickt man noch die Baustelle eines Säulengangs mit einem Fronten, allein außer einigen Säulenstücken ist nichts mehr von diesem übrig.

Nahe daran liegen die Bruchstücke eines alten viereckichten Grabmals auf Stuffen und mit einem unterirdischen Gewölbe versehen; allein es ist ganz mit Gesträuche verwachsen.

Was den berühmten Tempel des alten Adranums selbst betrifft; so beschränkte sich der Erfolg aller unserer Nachforschungen darauf, daß wir Bruchstück eines dagewesenen Gebäudes von großem Umfange erblickten, welche die Grundlage eines Tempels gewesen seyn mögen. Was aber von Säulen und erhabenem Bauwerk vorhanden war, fand seinen Ruin ohne Zweifel durch einen Lavastrom.

Diodorus sagt uns, daß die Stadt Adranum ihre Benennung von diesem Tempel erhielt. *) Der Tyrann Dionys ließ ihn im 4ten Jahr der vier und neunzigsten Olympiade erbauen, vier hundert Jahr vor Christo, nachdem er die Be-

festi-

---

*) Inter haec gesta Dionysius in Sicilia oppidum sub Aetnae collem exstruxit, quod ab insigni quodam fano Adranum vocavit.

festigungen von Katanea zerstört und die Stadt den Campaniern geschenkt hatte. Aderno rühmt sich noch, das alte Aetna zu seyn, welches Dionys erbaut haben soll, und gründet diese Behauptung auf einige in der Gegend gefundene Münzen, worauf das Wort AITNAIΩN stand. Es ist indessen eher zu vermuthen, daß diese Münzen von den Campaniern geprägt worden sind, als sie die Landschaft vom Dionys geschenkt erhielten, und sie den Namen Aetna annahm. *)

Ehmals floß ein Fluß unter den Mauern des Tempels vorbey; der große Lavastrom, der die Stadt heimsuchte, trocknete ihn aus, und hieraus entstanden in der Folge vermuthlich die vielen Quellen, die der Gegend die außerordentliche Fruchtbarkeit an Maulbeerbäumen und allen Arten von Gartengewächsen verschafften. Die Stadt enthält, außer den vielen Klöstern, zehentausend Bewohner.

Die Hauptkirche ist auf einem sehr schönen Platz erbaut, und mit prächtigen Lavasäulen geschmückt. Ehedem fand man hier viele antike Gefäße und Münzen; allein der Fürst von Biscari hat sie alle zusammen bringen lassen. Die Münzen hatten auf dem Avers einen Marskopf und auf dem Revers einen Hund nebst der griechischen Inschrift AΔPANOY oder AΔPANITAN.

Man zeigt auch noch eine Münze mit einem Apollhaupt, und auf der Rückseite mit einer Leyer und der nämlichen Inschrift versehen.

Ohne Zweifel hat der Hund auf diesen Münzen auf den einen Umstand Bezug, den uns Plutarch und Aelian erzählen.

*) Die Stadt behielt diesen Namen bis zu den Zeiten Timoleons.

lem. Es war nämlich ein berühmter Tempel zu Adranum, dessen Bewachung man außerordentlich großen Hunden anvertraut hatte. Diese Thiere sollen so abgerichtet gewesen seyn, daß sie jedem, der sich des Tags mit Opfern dem Tempel nahte, mit Schmeicheleyen empfiengen, zu Nachts hingegen Räubern und Uebelthätern ein Schrecken waren. Verschiedene Schriftsteller, die uns die Sizilianischen Münzen beschrieben haben, z. B. Golzius, Paruta und Havercamp, führen auch zwey oder drey Stücke von Adranum an, welche auf einer Seite einen Seekrebs und auf der andern einen Adler im Gepräge haben, der einen Hasen zerreißt. Aber der Fürst von Torremuzza, welcher ein kostbares Werk über diesen Gegenstand herausgegeben hat, und dem wir den meisten Glauben beymessen dürfen, hält jene Münzen für sehr zweifelhaft, oder glaubt doch wenigstens, sie eher für Agrigentinische halten zu müssen. Von Adranum führt er keine andere Geldsorten an, als die eben beschriebenen.

Der Aquedukt des Fürsten von Biscari.

Fünf Meilen hinter Aderno, am Fuße des Etna läuft der Fluß *Symethus*, jetzt Giaretta genannt, welcher noch in unsern Tagen den Beynamen *il fiume grande* führt. Gewiß ist er einer der größten Flüsse Siziliens, denn er ist 72 Meilen oder ungefähr 30 Lieues lang. Gerade an der Stelle, wo wir über diesen Fluß giengen, befindet sich seit wenigen Jahren eine ungeheure Brücke oder Wasserleitung, die der Fürst von Biscari ganz auf seine eigene Kosten anlegen ließ, und welcher nichts als bessere Bauart, ein größerer

Grad von Festigkeit fehlt, um den beträchtlichsten Werken des Alterthums an die Seite gesezt werden zu können.

Dieser Aquedukt ist bestimmt, alles Wasser von Aderno zu sammeln und von einem Hügel zum andern über das Thal, in welchem der Symethus fließt, hinweg zu führen. Er ist von dem Bette dieses Flusses an gerechnet, über 120 Fuß hoch, und hat 31 große Bögen, von denen jeder 25 Fuß breit ist, und über denen wieder 47 kleinere Bögen hinlaufen. Der größte von diesen Bögen, durch welchen der Fluß durchlief, war 70 bis 80 Fuß breit.

Durch die Aufführung dieses nützlichen Werks würde der wohlthätige Fürst die Einkünfte einer seiner Ländereyen Namens Aragona, der es an Wasser gebricht, sehr beträchtlich vermehrt haben; allein unglücklicherweise war es so schlecht erbaut, daß man seine kurze Dauer leicht voraus sehen konnte. Wirklich stand es auch kaum vollendet da, als ein starker Orkan im Jahr 1780 ein Drittheil davon wieder einwarf und die Materialien weit umher zerstreute. Jezt sind 4 oder 5 Arkaden alles, was noch davon vorhanden ist.

www.ingramcontent.com/pod-product-compliance
Lightning Source LLC
Chambersburg PA
CBHW031746230426
43669CB00007B/505